Aus der Elendsgeschichte des deutschen Privatdozenten: Prosastücke zum denkwürdigen Schicksal des Friedrich Eduard Beneke

Fröhliche Wissenschaft 203

Reinhard Mehring

Aus der Elendsgeschichte des deutschen Privatdozenten: Prosastücke zum denkwürdigen Schicksal des Friedrich Eduard Beneke

Matthes & Seitz Berlin

Mit der vollsten Wahrhaftigkeit kann ich
versichern,
daß mir keine Philosophie bekannt ist,
welche weniger einen gefährlichen Charakter
haben könnte,
als die meinige.

Beneke am 1. März 1822 an Altenstein,
nach seiner Remotion

Vorwort

Von Zeit zu Zeit muss der Kanon umgeschrieben werden. Sokrates wurde von Xenophon protokolliert, Platon idealisiert und Aristophanes ironisiert. Das Wahre ist das Ganze? Friedrich Eduard Beneke gehört in die Reihe der »Deutschen Menschen«, die Walter Benjamin 1936 pseudonym[1] unter das Motto stellte: *Von Ehre ohne Ruhm / Von Größe ohne Glanz / Von Würde ohne Sold*. Sein Leben war Tragödie und Farce in eins.

Die Vorbemerkungen des ersten Teils rechtfertigen die Form einer literarisierenden Biografik. Die im zweiten Teil dann folgenden Prosastücke setzen Beneke gegen Hegel, um gängige Linien, Meistererzählungen oder Narrative zu irritieren und zu dekonstruieren. Diese satirische Umwertung und Subversion des Kanons möchte als Ernstes Spiel und Fröhliche Wissenschaft vernommen sein. Es mahnt freilich der von Rosenkranz visionierte Chor der Eulen an Hegels Grab: »In das Centrum trifft keiner der Lebenden mehr.«[2]

Reinhard Mehring, März 2022

Inhaltsverzeichnis

Kontrafaktische Philosophiegeschichte. Eine Hinführung zur Literarisierung

1. Philosophierende, historisierende und polemische Philosophiegeschichtsschreibung

Philosophiegeschichte wird meist von Philosophen in philosophierender Absicht geschrieben. Man schreibt um der Weiterentwicklung des gegenwärtigen Diskurses willen, legt den eigenen Philosophiebegriff an und versteht die Vorgänger besser, als sie sich selbst verstanden. Historiker verzichten auf einen solchen Präsentismus, betonen die Differenz von System und Geschichte und entfremden den historischen Autor aktualisierenden Verzeichnungen. So lässt sich zwischen einer »philosophierenden« und einer »antiquarisch historisierenden« Philosophiegeschichtsschreibung unterscheiden.

In der Geschichte der modernen Philosophiegeschichtsschreibung gilt Hegel als ein paradigmatischer Klassiker der philosophierenden Philosophiegeschichtsschreibung.[3] Pioniere der historisierenden Philosophiegeschichtsschreibung, wie Heinrich Ritter, Johann Eduard Erdmann und Eduard Zeller, waren von Hegel und Schleiermacher stark beeinflusst und geprägt. Gegen Hegel und die »Hegelei« profilierte Schopenhauer mit seinem Essay *Über die Universitäts-Philosophie* einen dritten Typus »polemischer« Philosophiegeschichtsschreibung. Friedrich Schiller hatte in seiner Jenaer Antrittsrede,[4] noch vor Erscheinen von Kants *Streit der Fakultäten*, die eigene Berufung schroff dementierend, zwischen »Brodgelehrten« und »philosophischen Köpfen« unterschieden und sich so von den neuen Kollegen abgesetzt. Schopenhauer dogmatisierte eine solche Polemik und trennte strikt zwischen Philosophie und Universität: der herrschenden »Kathederphilosophie«,[5] die der »Landesreligion« und dem Staat nachbetet, und den »echten Philosophen« und »Selbstdenkern«.

Der moderne Staat garantierte dann im Verlauf des 19. Jahrhunderts mit vielen Rückschlägen und Einschränkungen die Wissenschaftsfreiheit und institutionalisierte die freie Erforschung von »Wahrheit« in einem universitären Spektrum von Disziplinen. Mit den preußischen Reformen und der Formierung eines bürokratischen Staates entstand ein gesellschaftlicher Bedarf an akademisierten »Fachmenschen« (Max Weber) und die modernen Natur- und Geisteswissenschaften differenzierten sich aus.[6] Die Einzelwissenschaften emanzipierten sich von der alten Metaphysik, die Hegel in seiner endgeschichtlichen Vision vom »absoluten Geist« auf den Begriff gebracht hatte; Wissenschaft wurde zum Fachbetrieb und es professionalisierten sich neue Berufe, die nachgefragt wurden. Bereits im Vormärz vor 1848 entstand aber auch ein »akademisches Proletariat«, das sich freischwebend als Avantgarde der Revolution und des Fortschritts empfand.

Schopenhauers Disjunktion zwischen der Kathederphilosophie und den originären Selbstdenkern wirkte über Düring und Nietzsche ins 20. Jahrhundert und ist heute noch geläufig. Nietzsche lieferte mit seinem Ressentimentbegriff auch eine psychologische Kritik billiger Pauschalurteile und ein Instrumentarium, den Nutzen und Nachteil der Wissenschaft differenziert zu sehen und die »Bildungsphilister«[7] im Weltanschauungsbetrieb zu stellen. Dem »Höhenzug« und »Fackelwettbewerb der monumentalen Historie«[8] sowie der nachfolgenden antiquarischen Pflege von Klassikerexegese setzte er eine »kritische« Geschichtsschreibung entgegen, die die Historie als »Kunstwerk«[9] auffasste und zum »Überhistorischen«[10] strebte. Die Biografik des George-Kreises knüpfte daran an. Jaspers, Heidegger und Löwith[11] übersetzten die polemische Trennung zwischen dem universitären Schulbetrieb und den originären Denkern dann ins 20. Jahrhundert.

2. Goethe als Paradigma institutionengeschichtlich reflektierter Wissenschaftsgeschichtsschreibung

Wer betriebsblinden Vereinseitigungen entkommen möchte und eine multiperspektivische, institutionengeschichtlich reflektierte Form der Wissenschaftsgeschichtsschreibung sucht, kann bereits bei

Goethe fündig werden. Goethe konzentrierte seine vielfältigen Naturbetrachtungen auf die Farbenlehre; er optierte gegen Newton für die unbefangene phänomenologische »Erfahrung« und unterschied in seinem groß angelegten, ihn über viele Jahrzehnte intensiv beschäftigenden Unternehmen zwischen einem »didaktischen«, einem »polemischen« und einem »historischen« Teil. Der didaktische sollte die Phänomene sichern, der polemische Newtons Deutungshegemonie brechen und der historische sollte die Durchsetzung Newtons erklären, die Goethe als Irrweg ansah.

Goethes *Farbenlehre* war ein gewaltiges Stück Naturphilosophie, was schon Schopenhauer, Schelling und Hegel durchaus verstanden. Sein Versuch, die Phänomene »vor Augen« zu bringen, betrachtete die Farben als »Thaten des Lichts« von den farbigen »Rändern« her. Dafür sprach Goethe auch von »Strahlungen«.[12] Er nahm eine »sinnlich-sittliche Wirkung der Farbe« an und erörterte den »Farbenkreis« in seiner »Energie«. Harmonie betrachtete er als Effekt einer »Totalität«: »Wenn das Auge die Farbe erblickt, so wird es gleich in Thätigkeit gesetzt, und es ist seiner Natur gemäß, auf der Stelle eine andere, so unbewußt als nothwendig, hervorzubringen, welche mit der gegebenen die Totalität des ganzen Farbenkreises enthält. Eine einzelne Farbe erregt in dem Auge, durch eine specifische Empfindung, das Streben nach Allgemeinheit.«[13] In seiner »Didaktik« erörterte Goethe »charakteristische Zusammenstellungen« von Farben, unterstellte allen Menschen ein »Streben zur Farbe« und unterschied eine allegorische, symbolische und mystische Auffassung: Die symbolische zielt auf den angemessenen ästhetischen Ausdruck praktischer Ideen; Goethe nannte Purpur hier ein Zeichen der Majestät.

Seine *Materialien zur Geschichte der Farbenlehre* versammelten neben ausgearbeiteten Partien auch die annalistische Dokumentation materialer Funde einerseits und grundsätzliche und programmatische Äußerungen andererseits. Der eigenen Entdeckung der »Phänomene« stellten sie Newtons »Irrweg« der Mathematisierung entgegen. Goethe betonte in seiner weiten Konzeption von Wissenschaftsgeschichtsschreibung zwar die innovative Rolle der Individuen und wissenschaftlicher Intuitionen und Entdeckungen, »Aperçus«, wie er sagte, sah aber auch die Rolle der Institutionen: namentlich der Akademien und Schulbildungen. Er konstatierte ein Missverhältnis zwischen der dürftigen experimentellen Basis Newtons einerseits und der hartnäckigen Persistenz seiner Theorien andererseits und hoffte, dass seine Konfrontation mit Newton, seine Profilierung der »Phänomene« gegen die mathematische Theorie, ein paradigmatischer Fall von Wissenschaftsrevolutionen werde, die er in der Wissenschaftsgeschichte beobachtete. »Die Naturwissenschaften haben sich bewundernswürdig erweitert«, meinte Goethe, »aber keineswegs in einem stätigen Gange, auch nicht einmal stufenweise, sondern durch Auf- und Absteigen, durch Vor- und Rückwärtswandeln in gerader Linie oder in der Spirale.«[14] Deshalb müsse »die Weltgeschichte von Zeit zu Zeit umgeschrieben werden«: »Eine solche Nothwendigkeit entsteht aber nicht etwa daher, weil viel Geschehenes nachentdeckt worden, sondern weil neue Ansichten gegeben werden, weil der Genosse einer fortschreitenden Zeit auf Standpunkte geführt wird, von welchen sich das Vergangene auf eine neue Weise überschauen und beurtheilen läßt.«[15]

Goethes berühmte Worte zielten gegen Newton. Mit »unglaublicher Kühnheit« habe der sich »vergriffen«; sein »Aperçu« sei ihm zur fixen Idee geworden; überhaupt sei er ein starrer Charakter gewesen. Schlimmer noch sei aber die schulbildende Wirkung des »Parteigeists«. Newton habe seinen »partiellen Wahnsinn« nämlich mit seinem Einfluss auf die »Sozietät« »auf seine Schüler fortgepflanzt«: »Diese Art, welche eigentlich bloß didaktisch ist und einem Sophisten ziemte, der die Leute zum besten halten wollte, findet sich, soviel mir bekannt geworden, seit der scholastischen Zeit wieder zuerst bei Newton.«[16] Goethe fuhr starke Diskriminierungstopoi auf: Wahnsinn, Sophistik, Scholastik. Den »Manen Newtons« gab er dabei immerhin eine »Ehrenerklärung« ab, wenn er betonte: »Die Beharrlichkeit eines original Irrenden kann uns erzürnen; die Hartnäckigkeit der Irrthumskopisten macht verdrießlich und ärgerlich.«[17]

Was auch immer man von Goethes Farbenlehre halten mag: Die wissenschaftsgeschichtliche Betonung der Brüche und Diskontinuitäten, außerwissenschaftlichen Einflüsse, die Unterscheidung zwischen »original Irrenden« und »Irrtumskopisten«, die Rolle der Lehrer, Schüler und Institutionen ist bemerkenswert. Goethe korrelierte die Wissenschaftsgeschichte mit der Institutionengeschichte. Für den Irrweg der Wissenschaft machte er nicht zuletzt die Institutionen verantwortlich, für das 17. und 18. Jahrhundert namentlich die Akademien.[18] In seinem unerhörten Text *Meteore des litterarischen Himmels*[19] brachte er die Wissenschaftsdynamik dabei auf eine typische Abfolge: von der »Priorität« über »Antizipation«, »Präoccupation« und »Plagiat« bis zur »Ursurpation«. Ursprüngliche Entdeckungen werden demnach regelmäßig usurpiert und verfremdet.

3. Dilthey, Jaspers und die philosophische Populärbiografik

Die Philosophiegeschichtsschreibung des 19. Jahrhunderts hat die Universitätsgeschichte, Schulgeschichte und Innovationsgeschichte der Philosophie nicht hinreichend ausdifferenziert und den von Goethe inaugurierten Blick auf das »historische Apriori« (Foucault)[20] der Institutionen oft und lange vernachlässigt. Der Traum vom Philosophenkönigtum wirkte deshalb auch, trotz Kants Einspruch, in der Universitätsidee und im Akademiegedanken von Platon über Fichte und Heidegger bis in die Philosophenidiosynkrasien der Gegenwart nach. Hegel hatte seine Berufung mit dem Fortschritt der Philosophie oder des absoluten Geistes selbst identifiziert. Seine Philosophiegeschichte war für die neuere Zeit primär Ordinariengeschichte und Geschichte der Berliner Universitätsphilosophie: Hegel schrieb ganz bewusst, unter Verleugnung nur zu vertrauter Karrierekontingenzen, ein Stück Siegerhistorie; er polarisierte und polemisierte in schulbildender Absicht. Dabei suchte und fand er den Schulterschluss mit der preußischen Wissenschaftsverwaltung (Altenstein),[21] was nicht nur Schopenhauer erbitterte.

Die hegelianische Geschichtsschreibung setzte diese Siegerhistorie fort. »Macht« und »Geist« wurden konfundiert, der Fortschritt im »absoluten Geist« mit der preußischen Universitätsgeschichte kurzgeschlossen. Diese Politisierung lebte als Nationalisierung der »Geistesgeschichte« noch bei Dilthey fort, der jenseits des typologischen Relativismus und Historismus einen Fortschritt vom »natürlichen« zum »organischen« System der Geisteswissenschaften annahm und die Entdeckung und Entwicklung des »organischen Denkens« an den Aufstieg und die nationale »Sendung« Preußens band. Diltheys große Geistesgeschichte hat ein doppeltes Ende: Sie beschreibt die Formation des organischen Denkens auf preußischem Boden an der Berliner Universität[22] und skizziert andererseits doch eine Weltanschauungslehre, die drei rational und konsequent mögliche Systeme und plurale Typen unterscheidet.[23] Dilthey inaugurierte auch den Rückgang hinter die entwickelten Systeme auf die Jugendgeschichten der großen Denker: insbesondere Hegels und Schleiermachers. Damit bereitete er den Übergang zur »Psychologie der Weltanschauungen« vor, mit der Karl Jaspers[24] die neuere deutsche Existenzphilosophie begründete und von der Heidegger sich im anti-psychologischen Rückgang auf vermeintlich ursprüngliche Einsichten und sogenannte Grundworte abstieß.[25]

Die »Lebensphilosophie« formierte vor und nach 1900 mit der Unterscheidung von »Leben und Lehre« eine doppelte Untersuchungsrichtung: Einerseits eröffnete sie den Weg zur rationalen Rekonstruktion der »Systeme«, der in die neuere analytische Argumentgeschichte einschwenkt; andererseits radikalisierte sie mit dem personalisierenden Rückgang hinter die »Systeme« auf die ursprünglichen Einsichten und Intentionen den Pfad historisch-biografischer, psychologisierender und auch pathologisierender Forschung, die den Kanon der sogenannten Klassiker in eine heroisierende Korrelation von Genie und Wahnsinn[26] umschrieb. Biografisches Scheitern indizierte nun originäres Denken und klassischen Rang. Es galt die These: Wer groß denkt, muss groß irren, leiden und scheitern. Hölderlin, Kierkegaard und Nietzsche, Wittgenstein und Benjamin traten nun ihren Klassikerbeweis im Martyrium an. Diese Engführung von Klassikerstatus und Martyrium hat die Philosophiegeschichtsschreibung seit Empedokles, Sokrates und Boetius immer wieder geprägt. Sie findet sich in christianisierenden Varianten ebenso wie in postchristlichen Heroisierungen seit Hölderlin, Nietzsche und George[27] und wurde von Jaspers wie Heidegger wirkmächtig vertreten. Selbst Henrichs »Konstellationsgeschichte« ist davon kontaminiert.[28] Erst in jüngerer Zeit hat sich die Wissenschafts- und

Universitätsgeschichte ausdifferenziert,[29] sodass eine fruchtbare Einbeziehung der Kontexte auch in die philosophierende Philosophiegeschichtsschreibung möglich wurde.

4. Didaktisierende und fiktionalisierende Philosophiegeschichtsschreibung

Philosophiegeschichtsschreibung pflegte die Biografik seit ihren Anfängen bei Aristoteles und Diogenes Laertius. Nach Dilthey und Nietzsche wurde die philosophische Biografik aber zum eigenen Genre. Simmels Vorlesungen über Rembrandt und Goethe, Kant, Schopenhauer oder Nietzsche wurden Wegbereiter der Etablierung des Genres populärer Philosophenbiografik, die mit der Ausdifferenzierung des Faches und der Perfektion seiner Standards zur Pausenbeschäftigung und Erbauungslektüre wurde. Mit dem Fortschritt in der Spezialisierung der Fragestellungen wuchs ein Bedarf an populären Hinführungen oder Einführungen. Die Biografik wurde zur Hintertreppe[30] des Zugangs und verselbstständigte sich in neuerer Zeit gegen anspruchsvolle fachphilosophische Zielsetzungen. Am Ende der Gutenberggalaxis repräsentiert Rüdiger Safranski, seit den 1980er-Jahren, diese Kunst der populären, didaktisierenden Biografik.[31] Die einführenden und hinführenden Zielsetzungen führten dann in neuerer Zeit bis zur Kinderphilosophie und völligen Trivialisierung der Philosophen und ihrer Werke.

Mit den neuen Medien von Rundfunk und Fernsehen und der »digitalen Revolution« entstanden neue außeruniversitäre Formate des Philosophierens. Man kann das positiv sehen: Die Öffentlichkeit gehört seit Sokrates zum Diskurs. Philosophiert wurde immer wieder in neuen Räumen und Formaten: auf dem Marktplatz und in den Gärten, den Villen und Klöstern wie den Akademien und Universitäten. Der Raum der Universität hat kein Patent und Monopol; es lässt sich auch im Internet philosophieren: als Chat, Blog, Videokonferenz und was noch folgen mag. Mit dem Untergang des Bildungsbürgertums, Strukturwandel der Medien und den Öffentlichkeiten in der »digitalen Revolution« wandelten sich die Rationalitätsstandards, Rhetoriken und Mentalitäten aber nicht nur, sondern sie sanken auch. Mit der Popularisierung, Didaktisierung und Digitalisierung drangen dabei fiktionalisierende Verfahren vor, was, positiv gewendet, vielfach auch einen anregenden Kreativitätsgewinn, Anschaulichkeit und rhetorische Prägnanz ermöglichte, die es weiterzuentwickeln gilt.

Fiktionalisierende Verfahren sind im philosophischen Diskurs nicht neu. Seit dessen Trennung vom anfänglichen Mythos schleppte er mythische Relikte fort. Die Quellenbasis der Philosophie ist editorisch umstritten. »Klassiker« wie Phytagoras und Empedokles sind mehr anekdotisch und legendär bezeugt, der Kanon und Korpus der Texte ist fluide. Der historische Sokrates ist gegen die platonischen Verzeichnungen bis heute nicht gesichert. Wie wir Platon oder Aristoteles heute lesen, verdanken wir kontingenten Überlieferungsschicksalen. Die Editionsgeschichte verselbstständigt sich mitunter auch gegen die Autoren und wird skandalös: Neuere prominente Beispiele sind Nietzsches *Der Wille zur Macht* oder die Heidegger-Gesamtausgabe.[32] Die Standards der Wissenschaftsprosa, von Aristoteles begründet, wurden weiter ausdifferenziert. Der philosophische Kunstdialog[33] ist eine etablierte Form der Literarisierung. Der »absolute Roman« übernahm seit der Romantik das philosophische Pensum des Lehrgesprächs.[34] Lion Feuchtwanger erinnerte die jüdische Geschichte mit seinen historischen Romanen wirkungsvoller als sein Bruder Ludwig, ein Publizist und Historiker;[35] Thomas Manns *Zauberberg* hat mehr philosophische Substanz als Eilenbergers *Zeit der Zauberer*. Auch lyrische Formen des Philosophierens finden sich immer wieder. Manche Philosophie endet heute noch in der Sentenz und in »Aphorismen zur Lebensweisheit«. Um es in einfachen Worten des Aristoteles in einer schlichten Übersetzung zu sagen:

> Es ergibt sich auch aus dem Gesagten, dass es nicht die Aufgabe des Dichters ist, zu berichten, was geschehen ist, sondern vielmehr, was geschehen könnte und was möglich wäre [ergänzend gesagt: möglich gewesen wäre, R. M.] nach Angemessenheit oder Notwendigkeit. Denn der Geschichtsschreiber und der Dichter unterscheiden sich nicht dadurch, dass der eine Verse schreibt und der andere nicht (denn man könnte ja die Geschichte Herodots in Verse setzen und

> doch bliebe es gleich gut Geschichte, mit oder ohne Verse); sie unterscheiden sich vielmehr darin, dass der eine erzählt, was geschehen ist, der andere, was geschehen könnte. Darum ist die Dichtung auch philosophischer und bedeutender als die Geschichtsschreibung. Denn die Dichtung redet eher vom Allgemeinen, die Geschichtsschreibung vom Besonderen.[36]

Die Philosophenbiografik kann auf starke Narrative nicht verzichten. Eine offensive Literarisierung von philosophischen Diskursen und Philosophenbiografien findet sich auch immer wieder. Neuere Beispiele wären etwa Jelineks Beziehungsdrama *Totenauberg*, Adorno- oder Blumenberg-Romane.[37] Kunischs philosophischer Spaziergang setzt Celan über Heidegger.[38]

Philosophensatiren gibt es seit Aristophanes und dessen Sokrates-Parodie *Die Wolken*. Im Vormärz wurden bereits Hegel-Satiren publiziert, selbst von Karl Rosenkranz,[39] dem ersten Hegel-Biografen. Im Rahmen philosophischer Ironie und Dialektik gehören satirische Formen zum Geschäft. Nietzsche emanzipierte die Ironie dabei erneut von der Dialektik, verspottete den »cynischen Kanon«[40] des Antiquars, für den alles so kommen musste, »wie es gerade jetzt geht«, und wünschte den »Zauberspiegel eines philosophischen Parodisten […], in dessen Kopfe die Zeit über sich selbst zum ironischen Bewusstsein«[41] gelangt. Walter Benjamin stellte die Aufgabe, »die Geschichte gegen den Strich zu bürsten«.[42] In seinen geschichtsphilosophischen

Thesen *Über den Begriff der Geschichte* schrieb er im Namen der »materialistischen Geschichtsschreibung«:

> Vergangenes historisch artikulieren heißt nicht, es erkennen, »wie es eigentlich gewesen ist«. Es heißt, sich einer Erinnerung bemächtigen, wie sie im Augenblick einer Gefahr aufblitzt. [...] In jeder Epoche muss versucht werden, die Überlieferung von neuem dem Konformismus abzugewinnen, der im Begriff steht, sie zu überwältigen.[43]

Später heißt es martialisch:

> Der Historismus stellt das »ewige« Bild der Vergangenheit, der historische Materialist eine Erfahrung mit ihr, die einzig dasteht. Er überlässt es anderen, bei der Hure »Es war einmal« im Bordell des Historismus sich auszugeben. Er bleibt seiner Kräfte Herr: Manns genug, das Kontinuum der Geschichte aufzusprengen.[44]

Benjamin spricht politisch, theologisch und sexistisch überdeterminiert. Andreas Urs Sommer erkundete das Innovationspotenzial einer fiktionalisierenden Philosophiegeschichtsschreibung in seinem *Lexikon der imaginären philosophischen Werke*.[45] Die philosophierende Philosophiegeschichtsschreibung kanonisiert mit starken Vorbegriffen und Vorurteilen, für die Kontingenz der Rezeptionsschicksale hat sie dagegen leider wenig Sinn.

Die bundesdeutsche Nachkriegsphilosophie wurde lange von der Heidegger-Schule dominiert. Adorno nannte seine *Minima Moralia* bei der Rückkehr nach Deutschland einst »Reflexionen aus einem beschädigten Leben«; die »Lehre vom richtigen Leben« war ihm in negativer Dialektik zur »traurigen Wissenschaft«[46] geraten. In der Begegnung mit Thomas Mann fand er zwar ein »Stück verwirklichter Utopie«;[47] seine »Noten« zur modernen Kunst mieden aber die platte Biografik und suchten die Spuren der Gewalt in den Werken selbst auf. Die nachfolgenden Frankfurter Revisionen und der Habermas-Kanon[48] pflegten dann andere blinde Flecken, Lücken und Verzerrungen. Die Emigrationsforschung beispielsweise richtete sich jenseits des Benjamin-Mythos einseitig an der Westemigration aus, und es dauerte lange, bis selbst ein Cassirer gegen Heidegger neu erinnert wurde. Emil Utitz,[49] der Klassenprimus Kafkas, ist bis heute fast gänzlich vergessen, weil er als KZ-Überlebender hinter dem Eisernen Vorhang verschwand. Es gibt eine Märtyrergeschichte der Philosophie. Philosophen waren oft nicht nur Legitimatoren und Schleimtreter der Regime, sondern auch kritische Köpfe, Virtuosen der Mentalreservation, querulantische Besserwisser, Rechthaber und Störenfriede: mehr Opfer als Täter.[50]

Die im zweiten Teil gleich folgenden satirischen Prosastücke rüsten die dekonstruktiven Ziele deshalb weiter ab und erinnern an einen vergessenen Gegenspieler des deutschen Idealismus und Hegelianismus. Die fiktionalisierende Methode dient dabei der konjunktivistischen Korrektur der Siegerhistorie. Das moderne Urheberrecht erteilt merkwürdige Eigentumstitel. Selbst das offenbare Plagiat aber muss im Kontext gesehen werden.[51] Statt der philosophischen »Wahrheit« werden hier kontrafaktische historische »Möglichkeiten« erwogen. Friedrich Eduard Beneke war eine *anima candida*, eine wahrhaft »jungfräuliche Seele«, wie sein Schüler Heinrich Neugeboren es bezeugt.[52] Während Schopenhauers Polemik gegen Hegel und die »Hegelei« heute peinlich verstimmt, erschüttert Benekes biografisches Schicksal deshalb nachhaltig. Die kontrafaktische, konjunktivistische Geschichtsbetrachtung ist eine Schule des politischen Denkens.[53] Sie kann auch die Philosophiegeschichtsschreibung anregen: Linien irritieren, Schubladen umsortieren, strategische Verzerrungen lösen und so zum wahrhaft freien Geistergespräch führen, wo nichts als der zwanglose Zwang des reinen Arguments zählt und es irrelevant ist, wer was bereits gesagt hat.

5. Beneke als Paradigma

Friedrich Eduard Beneke ist eine historisch bezeugte Gestalt der Philosophie- und Universitätsgeschichte. Knappe Erwähnungen finden sich in zahlreichen enzyklopädischen Werken, und es gibt eine vergleichsweise übersichtliche Beneke-Forschung, die in neuerer Zeit aus angebbaren Gründen fast verstummt ist. Beneke ist eine Randgestalt der Berliner Universitätsgeschichte und ein vergessener Pionier der philosophischen Psychologie und Pädagogik. Der Stichwortartikel von Wikipedia lautet (Zugriff vom 24. Dezember 2020) korrektur- und ergänzungsbedürftig:

> Friedrich Eduard Beneke (* 17. Februar 1798 in Berlin; † 1. März (ca.) 1854 ebenda) war ein deutscher Philosoph und Psychologe. Beneke machte den Feldzug von 1815 als freiwilliger Jäger mit und befasste sich seit 1816 in Halle und Berlin mit philosophischen Studien, deren Richtung die beiden Schriften *Erfahrungsseelenlehre als Grundlage alles Wissens* (Berlin 1820) und *Erkenntnislehre nach dem Bewußtsein der reinen Vernunft* (Jena 1820) bezeichneten. Kurz darauf habilitierte er sich in Berlin als Privatdozent; da er aber 1822 in Berlin eine *Grundlegung zur Physik der Sitten* hatte erscheinen lassen, in welcher man Materialismus witterte, wurde ihm die Fortsetzung seiner Vorlesungen untersagt. Um Missdeutungen vorzubeugen, gab er die »Schutzschrift für meine Grundlegung zur Physik der Sitten« (Leipzig 1823) heraus und siedelte 1824 nach Göttingen über, wo er als Privatdozent lehrte. Hier befasste er sich vor allem mit psychologischen Fragestellungen. Im Jahre 1827 kam er als akademischer Lehrer wieder nach Berlin, und nach Hegels Tod erhielt er im Frühjahr 1832 eine außerordentliche Professur der Philosophie. Zur praktischen Philosophie gab er seit 1851 die Zeitschrift *Archiv für die pragmatische Psychologie etc.* (1851–1853) heraus. Seit dem 1. März 1854

vermisst, wurde seine Leiche am 3. Juni 1856 im Schiffskanal bei Charlottenburg gefunden. Sein Grab auf dem Dreifaltigkeitsfriedhof II war bis zum Jahr 2014 als Ehrengrab in Berlin gewidmet.

Der Wikipedia-Eintrag deutet bereits an, dass Benekes akademische Karriere unglücklich verlief und ein unordentliches Ende nahm. Wie Schopenhauer war Beneke ein erbitterter Hegel-Gegner und Außenseiter im Philosophiebetrieb der Berliner Universität. Er steht prototypisch für die Kontingenz akademischer Karrieren sowie alles Leiden, Glück und Unglück des Privatdozenten. Der Leser sei gewarnt: Was nun folgt, ist Universitätssatire in philosophischer Absicht, eine dekonstruktive Gegengeschichte zu den geläufigen philosophiehistorischen Linienführungen um der Utopie transhistorischer Wahrheit eines »absoluten Geistes« willen. Fakten und Fiktion werden dabei bunt gemischt. Die zitierte Literatur gibt es zwar, und das Leben Benekes ist historisch bezeugt: Den Leser erwartet aber kein Sachtext, sondern eine literarische Transgression. Beneke wird nicht als Klassiker der Philosophie erinnert und aktualisiert, sondern als Prototyp und Märtyrer oder Repräsentant der Elendsgeschichte des deutschen Privatdozenten, die ambitionierte Philosophinnen und Philosophen auch heute noch als Sackgasse oder Intermezzo ihrer Karriere durchlaufen.

Der Text ist philosophiegeschichtlich voraussetzungsvoll. Dabei ist die Ordinariengeschichte der Berliner Philosophie im 19. Jahrhundert eigentlich noch recht übersichtlich: Es gab lange nur zwei Lehrstühle für Philosophie. Auf Fichte und Solger und dann Hegel folgten Gabler und Trendelenburg. Nach Gablers Tod blieb der Hegel-Lehrstuhl lange unbesetzt, und es gab mit Trendelenburg nur einen Ordinarius im Fach. Erst 1867 kam Harms, 1872 folgte Zeller als Trendelenburg-Nachfolger. Nach der Reichsgründung kam dann kurz Lotze, nach dessen Tod Dilthey und nach Zellers Emeritierung kamen Paulsen und Carl Stumpf, sodass um 1900 drei Ordinarien lehrten, die aber innerhalb der Philosophie auch die gesamte Psychologie (Stumpf) und Pädagogik (Paulsen) vertraten. Auch Fächer wie die Soziologie, Ethnologie oder Musikwissenschaft wurden um 1900 noch innerhalb der Philosophie gelehrt, durch Extraordinarien oder Privatdozenten wie Simmel, Vierkandt oder Hornborstel. Beneke sah sich als Antipode und Nachfolger Hegels. Es wurde aber Gabler berufen. Als der starb und Beneke erneut übergangen wurde, Trendelenburg gleichsam allein regierte, folgten die Ereignisse am Landwehrkanal, die in der Wikipedia angedeutet sind und die hier literarisiert werden. Eine Berufung Benekes hätte die spekulative Ausrichtung der Berliner Philosophie umgepolt.

Die folgenden Miniaturen bekunden Solidarität und Mitleid mit Beneke und allen unglücklichen Opfern akademischer Karrieren. Sie wünschen dem armen Beneke mehr historische Gerechtigkeit und fabulieren deshalb einige Kapitel seiner Biografie und Wirkung satirisch aus. Sie vertreten keine bestimmte Philosophie, weder Benekes noch Hegels, sondern allenfalls die Utopie einer Überschreitung einseitiger Standpunkte und der systematischen Reformulierung transhistorischer Einsichten auf dem Stand heutiger interdisziplinärer Forschung. Während die Berliner Universitätsgeschichte heute in vielen Aspekten sehr kleinteilig erforscht ist, gibt es zur Biografie Benekes bislang nur wenige Quellen. Die folgenden Prosastücke schmücken deshalb die spärlichen Informationen weiter aus, die Otto Gramzow[54] in einer der wenigen Beneke-Studien Ende des 19. Jahrhunderts mehr nebenbei im hagiografischen Stil skizziert hatte. Dabei erörtern sie einige Leerstellen und Fragen, die eine 2019 erschienene philosophische Novelle[55] offen ließ. Die Novelle spielte in der Nachwendezeit der 1990er-Jahre. Die folgenden Prosastücke konzentrieren sich dagegen, selbstständig lesbar, auf das prototypische Schicksal Benekes.

Das erste Stück rekonstruiert die bislang noch kaum erschlossene Jugendgeschichte bis zur Entscheidung für die Universitätsphilosophie. Das zweite, *Benekes Trauer um Goethe* überschrieben, setzt Goethes synthetisch vermittelnde Betrachtungsweise, eine historisch bezeugte Begegnung ausfabulierend, gegen antipodische Polemiken. Das dritte erinnert die gedrückte Stimmung am 1. März 1854 beim letzten Gang zum Kanal. Das vierte beantwortet die ungeklärte Todesursache und Mordhypothese, fiktive Mutmaßungen der *Landwehrkanal*-Novelle weiterführend, mit rechtshistorischen Erläuterungen zum Fall. Das fünfte variiert die philosophiegeschichtliche These, dass

Beneke die ältere Erfahrungsseelenkunde in eine akademische Form überführte, die über Dilthey und Husserl ins 20. Jahrhundert wirkte. Das sechste Ergänzungsstück erörtert das historische Faktum, dass Benekes protoypisches Gelehrtenschicksal sich posthum noch in der Stiftung erfüllte, die der Pflege seiner Philosophie dienen sollte. Das siebte thematisiert mit der Neuen Wissenschaft der Politik die akademisch fruchtbare Nachwendezeit der 1990er-Jahre. Das achte Stück fordert eine angemessene Beneke-Gedenkkultur und spielt sie in der ironischen Konfrontation mit Hegel gegen die herrschende Hegel-Forschung aus. Kaube schreibt zur letzten, das philosophische Gespräch meidenden Begegnung zwischen Hegel und Schelling in Karlsbad: »Ein das Versäumnis nachholendes Geistergespräch zwischen Schelling und Hegel nach Art der alten literarischen Gattung ›Dialoge zwischen Verstorbenen‹ wäre mehr als lohnend.«[56] Offenbar hatten sich Hegel und Schelling aber am Ende nichts mehr zu sagen. Die Beneke-Akten sind dagegen noch nicht geschlossen. Das neunte und letzte Prosastück fabuliert deshalb im Genre des Totengesprächs, das der Weltliteratur seit Homer und Lukian geläufig ist, eine metaphysische Begegnung der Dissenter und Partisanen des »absoluten Geistes«. Alle folgenden Prosastücke satirisieren biografische Fakten in dekonstruktiver Absicht. Über Beneke und Hegel hinaus plädieren sie für eine politische und universitätsgeschichtliche Reflexion des Kanons.

Prosastücke aus einem beschädigten Leben

1. Konvertit oder Partisan? Friedrich Eduard Benekes Eintritt in die deutsche Universitätsphilosophie

Reformierte Prägung

Friedrich Eduard Beneke wuchs im reformierten Pfarrhaus seines Onkels Friedrich Philipp Wilmsen auf. Das hat, wie so vieles in seinem Leben, bislang noch nicht die gebührende Beachtung gefunden. Der Onkel war Prediger an der Berliner Parochialkirche, nahe Mühlendamm und Nikolaikirche, im Herzen des alten Berlins, das die DDR notdürftig restauriert hatte und heute als Nikolaiviertel gerade bei ausländischen Touristen zum Pflichtprogramm gehört. Als Religionslehrer hatte er zuvor jahrelang an der Privatschule des Reformpädagogen Johann August Hartung gelehrt, die auch Eduard später besuchte, bis dieser in der Obertertia an das Friedrichswerdersche Gymnasium wechselte. Schon der Onkel war reformpädagogisch unterwegs und verfasste eine Unmenge schulischer Lehrbücher und religiöser Erbauungsliteratur, die er als Prediger nicht nur seinen zahlreichen Kindern, sondern auch Eduard und Carl Gustav,[57] dem Bruder und späteren Konsistorialrat, mit der Inbrunst seiner Sendung einimpfte.

Die Parochialgemeinde war nicht nur der erste Vorposten der reformierten Minderheit in Berlin, sie hatte als solche auch eine besondere Nähe und Treue zum Königshaus, waren die Hohenzollern doch schon 1613 mit Johann Sigismund förmlich zum Calvinismus übergetreten. Paul Gerhardt, der Dichter kanonischer Kirchenlieder, vertrat damals zwar die städtische lutheranische Opposition gegen den Hof, verweigerte seine Unterschrift unter das Toleranzedikt und verlor seine Stellung; die relative religiöse Toleranz und agnostische Indifferenz des aufgeklärten Preußen ruhte im 18. Jahrhundert aber auf der konfessionellen Differenz zwischen dem preußischen Staatsvolk und seinen reformierten Königen. Friedrich der Große meinte, dass jeder tüchtige Zuwanderer, ob Jude oder Hugenotte, in Gottes Namen nach seiner Façon selig werden solle. Der preußischer Hofhistoriker Otto Hintze[58] zeigte in seinen Studien, was die calvinistische Prägung für den preußischen Militarismus bedeutete. »Es ist eine Tatsache von unendlicher Wichtigkeit für unsere preußische Geschichte«, schreibt Hintze in *Geist und Epochen der preußischen Geschichte*, »daß Kurfürst Johann Sigismund 1613 zum kalvinistischen Bekenntnis übergetreten ist, und daß seine Nachfolger diese konfessionelle Stellung festgehalten haben.«[59] An anderer Stelle meint er: »Der Geist des Luthertums war friedfertig und unpolitisch.«[60] »Luthertum und Kalvinismus bedeuteten damals nicht bloß verschiedene religiöse Bekenntnisse, sondern entgegengesetzte politische Weltanschauungen.«[61] Der Calvinismus förderte den Ausbau des imperialen Machtstaats, während das altprotestantische Luthertum frommer und friedlicher gestimmt war. Auch wenn das Bekenntnis der Hohenzollern seit Friedrich II., dem Gründer der europäischen Großmachtstellung Preußens, sich vielfach gewandelt und säkularisiert hatte und mit Goethezeit, Befreiungskriegen und preußischer Romantik auch neuere Einflüsse auf zarte und bildsame Gemüter wirkten, muss man die reformierte Atmosphäre doch hoch veranschlagen, die Eduard mit seinem Mentor Schleiermacher teilte.

Eduard wuchs also im Pfarrhaus hinter der Parochialkirche auf. Der barocke Kirchenbau, in den von Grünberg realisierten Planungen ein Hauptwerk Johann Arnold Nerings, unterschied sich architektonisch markant vom gotischen oder neogotischen Haupttyp, mit Längs- und Querschiff, wie ihn Schinkel bald mit der nahe gelegenen Friedrichswerderschen Kirche in die ewige preußische Romantik hob.[62] Nering griff auf calvinistische Vorbilder zurück, die sich in den Niederlanden fanden. Der protestantische Bildersturm wurde hier zu einer trockenen Askese gesteigert, die ganz auf die innere Belebung des Raumes durch Predigt und Gesang setzte. Die Orgel war deshalb von größter Bedeutung, sie durchtönte den farblosen, kühlen Innenraum und stimmte die Gemeinde monophon.

Friedrich Eduard Beneke war zwar ein strebsamer Musterschüler, der in Mathematik brillierte und sich, obgleich wider seine Natur, auch den paramilitärischen Übungen Jahns auf der Hasenheide nicht entzog; umso schwerer wiegt aber die beiläufige Bemerkung des Biografen, dass er »nie in irgendeiner Kunst, selbst in der Musik nicht, zur Ausübung gekommen« sei. Gramzow zitiert aus einem Brief Benekes an Dressler, dass er »nicht zum Singen zu bringen war«,[63] obgleich er eigentlich alle »Anlagen für das Musikalische« hatte. Was der distanzlose Biograf als naturgegebene Schüchternheit deutet, muss jedoch eher im Zusammenhang mit den reformierten Einwirkungen des Onkels und der ganzen Atmosphäre des Pfarrhauses als Vorbote eines antipathetischen Affekts gedeutet werden, der sich der religiösen Empfindsamkeit verschloss. Auch von Kant ist diese natürliche Aversion gegen religiöse Empfindelei überliefert. Gramzow hätte 1898, in der ersten Welle des Nietzsche-Kultes,[64] diese Resilienz bereits als Symptom einer Verdrängung verstehen und das »Symbol des musiktreibenden Sokrates« heraushören können, von dem Nietzsche in seinem Frühwerk – in *Sokrates und die griechische Tragödie* wie der *Geburt der Tragödie* – fast gleichlautend sprach: »Jener despotische Logiker« – gemeint ist Sokrates, aber vielleicht ließe sich Beneke einsetzen – »hatte nämlich hier und da der Kunst gegenüber das Gefühl einer Lücke, einer Leere, eines halben Vorwurfs, einer vielleicht versäumten Pflicht. Oefters kam ihn, wie er im Gefängniss seinen Freunden erzählt, ein und dieselbe Traumerscheinung, die immer dasselbe sagte: ›Sokrates, treibe Musik!‹ Er beruhigt sich bis zu seinen letzten Tagen mit der Meinung, sein Philosophieren sei die höchste Musenkunst.«[65]

Anders als Nietzsche war Eduard Anfang des 19. Jahrhunderts noch nicht in der geistesgeschichtlichen Lage, das Pfarrhaus als sein Gefängnis zu begreifen. Der monophone Terror liturgischer Dauerberieselung durch den reformierten Glauben hatte ihn abgestumpft und betäubt; er begegnete ihm physiologisch wirksam und beständig im Glockenspiel des Turmes, der berühmten »Singuhr«, die der erste preußische König der Gemeinde 1713, 100 Jahre nach der Konversion der Hohenzollern, als Zeichen seiner konfessionellen Zugehörigkeit gestiftet hatte. Zweifellos war sie spektakulär. Über 200 Jahre lang erklang sie stündlich auf 37 Glocken und endete mit einem »Gebrüll der Löwen«, das jeder Berliner kannte und erst im Zweiten Weltkrieg nach einem Luftangriff verstummte. Sie war eine touristische Attraktion, wie die Glocken des Münchner Rathauses am Marienplatz es sind. Erst seit 2016 erklingt sie wieder.

So eindrucksvoll das für Passanten im 18. Jahrhundert auch war, so enervierend wirkte es doch auf das zarte Gemüt des jungen Eduard, der sich spätestens seit dem frühen Tod des Vaters im Pfarrhaus eher gelitten als willkommen sah und der konfessionellen Pädagogik des Ziehvaters wenig mehr entgegenzusetzen wusste als den Stimmverlust im Gemeindegesang. Dann suchte er Abstand auf dem Friedhof und schlich in die barocke Gruft, diese ausgedehnte Grabanlage mit schweren Türen, Särgen und mumifizierten Leichen.

Eduard empfing die religiöse Erbauungsliteratur des Onkels im Ambiente der Parochialkirche als traumatisierende Schauerromantik. Da war es kein Wunder, dass er gerne am Mühlendamm verweilte und zwischen den Läden, mitten im geschäftlichen Treiben und Heringsdunst, still und versonnen in die Schleusen schaute. Manchmal träumte er dann, in die Schleusen zu fallen und seinen Platz in der Gruft zu finden. Er ging dann die Grabkammern entlang und suchte sich eine aus, die bis zur Auferstehung der Toten bittersüße Unterkunft bot.

In der Laborschule der preußischen Reformen

Wir müssen uns Friedrich Eduard Beneke also in Kindheit und Jugend als einen stillen Träumer vorstellen, der der reformierten Pädagogik fast widerstands- und wehrlos ausgesetzt war. Zu allem Ungemach herrschte damals Krieg. Nach den Niederlagen bei Jena und Auerstedt besetzen die französischen Truppen im Oktober 1806 Berlin. Eduard war da mit acht Jahren schon alt genug, die Katastrophe preußisch zu empfinden und zu verstehen, was es bedeutet, dass Friedrich Wilhelm II. mit seiner Luise und dem halben Hof nach Ostpreußen floh. Napoleon zog damals triumphal durch das Brandenburger Tor in die Stadt ein. Überall wurden Soldaten einquartiert. An den Hauswänden konnte Eduard die berühmte Botschaft des Gouverneurs lesen, die sein Schulfreund Häring[66] später zum Thema eines großen vaterländischen Romans erhob:

»Der König hat eine Bataille verloren. Jetzt ist Ruhe die erste Bürgerpflicht.«

Der Frieden von Tilsit brachte im Juli 1807 beispiellos schändliche Bedingungen, so den Verlust des halben Staatsgebiets. Ein *Comité administratif* übernahm die Stadt, die Quadriga wurde eingeholt und nach Paris deportiert. Zur religiösen Demut, die Eduard seit frühester Kindheit über die Maßen abverlangt wurde, kam nun die politische Erniedrigung. Erst Ende 1808 räumten die französischen Truppen unter enormen Tributbedingungen wieder Berlin. Eduard ging damals bereits einige Jahre in Hartungs Privatschule, die florierende Vorbereitungsschule für das Gymnasium, in der der Onkel einst unterrichtet hatte, und erhielt dort einen strengen und fruchtbaren Unterricht, während das öffentliche Schulwesen infolge der Kriegswirren und des Staatszerfalls fast zum Erliegen gekommen war. Diese Privatschule war keine Winkelschule: Über 100 Knaben wurden unterrichtet, eine Töchterschule und ein Lehrerseminar waren angeschlossen. Hartung lehrte bald auch als Professur an der allgemeinen Kriegsschule und wurde für seine Verdienste zum Ritter des roten Adlerordens ernannt. Eduard erhielt also eine vorzügliche Grundschulung.

An einen schnellen Wiederaufbau des preußischen Staates und Wunder nationaler Erhebung war damals noch kaum zu denken. Die ersten Anfänge der preußischen Reformen, von einer altständischen Restaurationspartei hintertrieben und auch vom König mehr als letztes Aufgebot und vage Hoffnung bejaht, waren noch nicht öffentlich sichtbar und kaum als Aufbruch zu ahnen. Einzig auf Russland ruhten damals die militärischen Hoffnungen, sodass einige preußische Kämpfer zur russischen Seite überliefen. Kleist wollte mit seinen *Abendblättern* zwar Widerstand wecken; erst als Napoleons tollkühner Russlandfeldzug aber im brennenden Moskau scheiterte, als die Reste der Großen Armee zurückflohen und, von russischen Truppen verfolgt, in Berlin eintrafen, wurden zur Jahreswende 1812/13 ein Ende der französischen Herrschaft und eine neue und größere Zukunft Preußens absehbar.

Die preußischen Reformer waren damals bereits am Werk. Wilhelm von Humboldt hatte die Sektion für Cultus und Unterricht nach anfänglicher Ablehnung im Februar 1809 übernommen und seit dem Frühjahr 1809 zunächst in Königsberg und Litauen mit der Neuordnung des Bildungswesens begonnen, die formelhaft als Etatisierung, Systematisierung, Unitarisierung und Bürokratisierung der Bildung bezeichnet werden kann.[67] Erst im Herbst 1809 kam er in Berlin an. Wie sein Göttinger Lehrer Friedrich August Wolf, der die homerische Frage gelöst hatte, indem er den Glauben an einen Autor zerstörte, unterschied er strikt zwischen der gelehrten und der speziellen, enzyklopädischen Bildung und begründete so einen Primat der formalen humanistischen Bildung. In Königsberg und Litauen sah er erstmals öffentliche Schulen. Er sorgte nun für die Durchsetzung von Pestalozzis Elementarmethode in den Volksschulen und inthronisierte das Sprachenstudium als Königsweg und Universalkompetenz für die Gymnasien. Humboldt ernannte damals den Theologen und Prediger Schleiermacher, den Mentor Benekes, zum Direktor der Wissenschaftlichen Deputation, die die Lehr- und Bildungspläne skizzierte; Friedrich August Wolf wurde Visitator der fünf Berliner Gymnasien.

Das Friedrichswerdersche Gymnasium, an das Eduard im Alter von zwölf Jahren, etwa 1810, direkt in die Obertertia wechselte, in eine Klasse von 12 Schülern, wurde von Johann August Ferdinand Bernhardi geleitet, der als Anhänger Pestalozzis ganz auf Mathematik und Sprachwissenschaft setzte. Wie Humboldt war Bernhardi ein Schüler Wolfs. Er war mit Ludwig Tieck verschwägert, lehrte zwar bereits seit 1791 am Gymnasium, wurde nun aber im Zuge der Reorganisation endlich Rektor. Damals wurde Hegel, gleichsam in Parallelaktion, dank Niethammer Rektor des Nürnberger Aegidianums. Bernhardi, der Kenner antiker Literatur, namentlich des Sophokles, publizierte Schriften zur Sprachwissenschaft, Grammatik und Unterrichtslehre. Seine 1818 erschienenen *Ansichten über die Organisation der gelehrten Schulen*[68] sind eine wichtige Quelle zur damaligen Übersetzung der neuhumanistischen Bildungsinnovationen in den Gymnasialunterricht. Eduard wechselte 1810 also aus einer vorzüglichen Privatschule in ein exponiertes Gymnasium, eine Laborschule Humboldts, über.

Durch Bernhardis Schriften wissen wir sehr genau, welche Akzente die Schule setzte. Seine Sammlung pädagogischer Interventionen ist dem

Minister der geistlichen und Schul-Angelegenheiten, Altenstein, sowie den hochverehrten Herren Räten des hohen Ministeriums gewidmet. Seit 1811 Privatdozent an der gerade gegründeten Berliner Universität, empfahl sich Bernhardi also für die höhere Verwendung. Seine Sammlung enthält Abhandlungen über die »ersten Grundsätze der Methodik« und der »Disciplin an einem Gymnasium«, zum Mathematikunterricht nach Pestalozzi sowie zur Frage des Übergangs an die Universität. Abgerundet wird sie durch zwei Gymnasialreden: zum Reformationsfest und zur Schulentlassung im Oktober 1815, nachdem Napoleon definitiv besiegt war.

Bernhardi hatte das Gymnasium als Laborschule empfohlen und den Akzent auf die formale Bildung durch Sprachwissenschaft gelegt, dabei aber auch die Kooperation mit Friedrich Ludwig Jahn gesucht, einem unsteten Landser, der mit seinem *Deutschen Volkstum* bei Schleiermacher durchgefallen war, seit 1811 die paramilitärische Rüstung für die nationale Erhebung in der Hasenheide vorantrieb und als »Turnvater« euphemistisch bezeichnet ist. Die gymnastische Mobilisierung der Jugend war bitter nötig: Der längst besiegte Unmensch, *hostis humani generis*, hatte 1815 als Widergänger seiner selbst seinen Fels im Mittelmeer verlassen und war plötzlich mit einer letzten verschworenen Schar an der herrlichen Küste gelandet. Das Volk der Franzosen fiel wie von Zauberers Schwarzkünsten befallen treulos von seinem König ab und griff erneut zu den Waffen. Der Preußenkönig Friedrich Wilhelm antwortete sofort mit dem edlen Versprechen eines

Vertrages zwischen König und Untertanen, den er einige Jahre später dann nicht mehr umsetzen mochte oder konnte. Eduard war sogleich begeistert, Jahn mobilisierte die Jugend für die Zukunft der Nation und Verfassung. Lützows Freikorps hatte den Waffenstillstand von 1813 gar nicht erst respektiert und war deshalb von der französischen Kavallerie fast gänzlich aufgerieben worden. Dieses militärisch unsinnige Langemarckopfer bot zwar Tragödienstoff für ein Drama wie den *Prinzen von Homburg*, hatte Lützow die freiwillige Jugend, soldatische Dilettanten, doch wider Befehl und Vernunft in den Tod gejagt; sein Freikorps wurde deshalb auch militärisch gemaßregelt und der Linie unterstellt. Nach der Rückkehr Napoleons aus Elba wurde sein legendärer, durch militärische Erfolge sachlich nicht begründeter Ruhm aber zur neuerlichen Mobilisierung von Kriegsfreiwilligen propagandistisch verwertet. Eduards gymnastisch gedrillte Klasse trat nach dem März 1815 fast komplett ins Jägerkorps ein, das nun zum 25. Infanterie-Regiment gehörte. Es beteiligte sich zwar noch an den Schlachten von Ligny und Waterloo; Häring und Beneke kamen aber kaum bis Helmstädt, wie ein später Brief Benekes an Häring belegt.[69]

Bernhardis militaristische Gesinnung zeigte sich noch in der Entlassungsrede vom 14. Oktober 1815, die den drei überlebenden »Jünglingen« Häring, Beneke und einem jüngeren, den Kampf im Gestus Ernst Jüngers als prägendes Erlebnis pries und erklärte, dass die »Schreckbilder und Lockungen« des Krieges fortdauern:

> Denn des Krieges ist ja der nicht entbunden, der die verwundende Waffe abgelegt hat, den Gefahren des Lebens der nicht entronnen, auf dessen Brust kein äußerlicher Feind mehr die Geschosse richtet, sondern jedermann ist ja von seiner Geburt an bis zu seinem Tode ein Kriegsmann: das Wesen des Lebens ist ein ununterbrochener Kampf.[70]

Bernhardi nahm also den überlebenden Schülern bei der Entlassung noch einen Eid ab, als ob er amtlich dazu berufen wäre und es erneut gegen den Erbfeind ginge:

> Wir schwören, sollt ihr sprechen, uns einzubürgern in dem Reiche des Wissens und des Forschens, wir entsagen jeder irdischen Lust, jedem sinnlichen Genuss, welcher mit diesem Streben im Widerspruche steht, wir wollen uns nie verlocken lassen vor dem leeren Glanze, dem irdischen Wohlstande, der eitlen Ehre, der Schlaffheit, dem Dünkel, der Trägheit, dem Wankelmuthe, sondern ritterlich den Kampf bestehen mit uns selbst als dem inneren, mit uns selbst als dem äußeren Feinde.[71]

Es soll hier nicht weiter über die wirre Rede vom äußeren und inneren Feind spekuliert und auch kein Vergleich zwischen Bernhardis didaktischen Grundsätzen und der liberalen *Erziehungs- und Unterrichtslehre*[72] bemüht werden, die Beneke später als eines seiner systematischen Hauptwerke publizierte. Der »Geist der Goethezeit« war zwar nicht zuletzt ein Reflex schulischer Reformen; so übersetzten Schillers Jugenddramen die schwäbische Karlsschule in Dichtung,[73] und der deutsche Idealismus muss vom Tübinger Stift her begriffen werden;[74] Benekes Philosophie lässt sich aber nicht auf gymnasiale Erfahrungen reduzieren. Schon Beneke erkannte jedoch, dass die Spuren der Kindheit nachwirken. Immer wieder müssen wir fragen: Wie war Beneke möglich? Als biografisches Material haben wir dafür zwar leider wenig mehr als Gramzows blumige Darstellung. Unsere Konkretisierung hat bislang aber immerhin den doppelten Schrecken verdeutlicht, den Eduard in seiner Kindheit und Jugend erlitt: die religiöse und die politische Pression. Nicht alles lässt sich hier rekonstruieren. So muss das Habilitationskolloquium, das Hegel mürrisch protokollierte, ebenso ungeklärt bleiben wie die Remotion von 1822. Hat Hegel sie betrieben? Wir wissen es nicht und dürfen die vorliegenden Blätter nicht überfordern. Treiben wir die Spurenlese deshalb vorerst nur bis zu der Schlüsselerfahrung, die Benekes Schicksal fortan bestimmte: zur Entscheidung für die Philosophie. Gramzow datiert sie auf einen Kirchgang im Frühsommer 1820, auf Pfingsten oder Johannistag. Ganze fünf Jahre harren also noch der intellektuell-biografischen Erhellung: die Jahre bis zum Abschluss der Dissertation und der Ernennung zum Privatdozenten. Bloß zwei Seiten widmet Gramzow dieser Epoche, weniger noch als der Kindheit und Jugend. Das ist zu wenig!

Pneumatische Erfahrung in der Dreifaltigkeitskirche: die Erweckung des Mineurs zur eigenen Sendung

Die offenen Fragen beginnen schon mit Gramzows erstem Satz: »Nachdem Beneke wohlbehalten aus dem Kriege zurückgekehrt war, bezog er Ostern 1816 die Universität zu Halle, um Theologie zu studieren.«[75] Gewiss wird man dem Hagiografen des bekennenden Erfahrungsseelenkundlers nicht vorwerfen, dass er sich in positivistischer Beschränkung der Spekulation enthält. Man erwartet von seiner Darstellung keine abenteuerlichen Erdichtungen von Kriegserlebnissen oder dogmatische Erklärungen der anfänglichen Entscheidung für ein Theologiestudium. Die offenen Fragen wären im Sinne einer Logik positivistischer Forschung aber wenigstens anzudeuten. So fällt sogleich die zeitliche Lücke auf, die zwischen der Niederlage Napoleons und dem Studienbeginn zum Sommersemester 1816 in Halle liegt. Was tat Eduard in diesem Dreivierteljahr? Blieb er bei den Soldaten? Nahm er sich eine Auszeit? Bereitete er sich auf sein Studium vor? Warum ging er überhaupt nach Halle, wo doch die Berliner Universität bereits eröffnet hatte und Bernhardi und Schleiermacher dort lehrten?

Heute sind wir schnell geneigt, einen solchen Ortswechsel zu empfehlen. Wir schicken unsere Jugend auf Reisen, da die Wehrpflicht abgeschafft ist und der Abiturient nicht mehr hinter Kasernenpforten zum Manne geschunden und geschmiedet wird. Aber wer unter Bernhardi diente und bei den Jägern war, wer dem äußeren und inneren Feind trotzte, der brauchte ein solches Intermezzo nicht. Als

Jäger hatte Eduard sein Auslandsabenteuer bereits 1815 hinter sich, und seine prekäre Lage erlaubte keine untätige Auszeit. War Eduard also nach seinen Kriegserlebnissen und dem Tod des Vaters, der in diese Zeit fiel, in eine ernste Krise geraten, die ihn einige Zeit niederwarf? Wahrscheinlicher ist, dass er damals bereits mit dem Privatstudium der hebräischen und der arabischen Sprachen begann, das Gramzow für das erste Studienhalbjahr in Halle erwähnt.

Wir haben keinerlei Hinweise auf seine dortige soziale Lage, die Unterkunft und Studienfinanzierung, halten aber fest, dass Eduard sich mit Halle irgendwie gegen Berlin entschied und sich hier vielleicht eine erste Scheu oder Abwehr gegen eine allzu direkte Fortsetzung seines Lebens im Kreis des reformierten Berlin zeigte. Die Familie misstraute der libertären Berliner Aufklärung, die Friedrich mehr toleriert als initiiert hatte. Wo die Entwicklung der neuen Universität noch offen war, versprach Halle mit seinen pietistischen Traditionen festeren religiösen Halt. Hatte Eduard seinen alten Glauben im Krieg gelassen? Gramzow deutet diskret an, dass er in Halle zwischen Theologie und Philosophie schwankte, indem er neben zwei Theologen auch »zwei Kantianer«,[76] Jakob und Hoffbauer, als Lehrer erwähnt, die beide einen *Grundriss der Erfahrungsseelenkunde* publiziert hatten. Gramzow betrachtete das eine Hallenser Studienjahr, mehr war es nicht, also offenbar als Zwischenzustand und Übergang, obgleich er an der Fortsetzung und dem mehr oder weniger förmlichen Abschluss des Theologiestudiums keinen Zweifel lässt. Er betont vielmehr, dass Beneke schon in Halle mit erstaunlichem Erfolg profunde theologische Studien trieb.

Gleich zwei unveröffentlichte, leider verschollene Abhandlungen erhielten Preise: eine »Arbeit über den Gebrauch der Bibel« sowie eine »Abhandlung über das Alter des Hiob«,[77] die von keinem Geringeren als Wilhelm Gesenius, dem bahnbrechenden Erforscher der hebräischen Sprache, höchstes Lob erhielten. Beide Arbeiten konvenieren im kühnen Zweifel an der herrschenden Meinung, dass Hiob als Vater zahlreicher Kinder und Herr über viele Tiere, Mägde und Knechte bereits im mittleren oder hohen Alter stand, als Gott ihn prüfte. Wir wagen die Vermutung, dass Eduard in einer an Schleiermacher geschulten Hermeneutik zwischen dem buchstäblichen Literalsinn und dem moralischen Sinn des Textes, dem historischen Hiob und dem allgemeinen Hiobsschicksal unterschied, das auf dem menschlichen Dasein lastet und das er selbst, Eduard, von früher Jugend an im Pfarrhaus, der Schule und bei den Soldaten reichlich erfahren hatte. Wir sind sicher, dass Benekes Abhandlung über das Alter des Hiob ein erstes halböffentliches Bekenntnis der eigenen Lage war, wie seine spätere Rezension von Kleists *Prinzen von Homburg*,[78] und wie sein ganzes philosophisches Leben und Schicksal. Auf eine starke eschatologische Auslegung des anagogischen Sinns hat Eduard dagegen in seiner natürlichen Bescheidenheit gewiss verzichtet und die dogmatisch-typologische Exegese blieb ihm fremd, weshalb er ja auch der Predigerlaufbahn zu entrinnen suchte.

Gramzow weiß von der Fortsetzung des Theologiestudiums, seit 1817 in Berlin, fast nichts zu berichten. So bleibt offen, ob Eduard nebenbei Veranstaltungen in der Philosophie – bei Hegel gar? – besuchte. Immerhin schreibt er: »Sein philosophisches Interesse wurde hier bedeutend gesteigert durch die Vorträge und Predigten Schleiermachers.«[79] Schleiermacher predigte in der Dreifaltigkeitskirche, einem massiven Rundbau am Ort der heutigen nordkoreanischen Botschaft, einer Kirche, die äußerlich zwar der reformierten Parochialkirche ähnelte, jedoch die protestantische Lehre bekannte. Man muss deshalb nicht gleich eine Abkehr vom reformierten Bekenntnis vermuten, obgleich Gramzow nicht erwähnt, dass Eduard 1817 ins Pfarrhaus und den Kreis der Familie zurückkehrte. Der ganze Fortgang seines Theologiestudiums in Berlin bleibt offen. Gewiss hat Eduard tüchtig studiert und sich von studentischen Umtrieben und Unsitten ferngehalten. Für das Ende erwähnt Gramzow lediglich, dass eine Rückkehr nach Halle als theologischer Repetent scheiterte und Eduard sich – offenbar gegen seine Neigungen – »nun genötigt« sah, den Predigerberuf zu ergreifen. Einige Predigtversuche unternahm er dafür »bei seinem Onkel Frosch in Gross-Bänitz«,[80] wo er früher gelegentlich die Schulferien verbracht hatte. Groß Behnitz lag als kleines Nest beim Gutshof des Grafen von Itzenplitz, der lieber in Kunersdorf weilte. Die Kirche am Ufer des Sees war zwar gewiss malerisch, doch ein lebendiges Gemeindeleben, das mehr als zwei Handvoll Seelen vereinigte, ließ sich dort schwerlich entzünden.

Eduards Versuche enttäuschten, anders lässt sich die Wendung zur Philosophie kaum erklären, die Gramzow aus Briefen zitiert: Als Beneke mit seinem zwei Jahre jüngeren Bruder Carl Gustav, dem späteren Konsistorialrat, zusammen auf dem Weg in die Kirche war, um Schleiermacher zu hören, »wandte sich das Gespräch auf die vielfachen Verirrungen und Phantastereien, in denen die Philosophie befangen«[81] war, und er gelangte zur Auffassung, dass es wünschenswert sei, »daß jeder, der nur irgend den Beruf dazu in sich fühle, alle seine Kräfte anspanne, sie auf einen richtigeren Weg zu bringen«.[82] Weiter schreibt Gramzow: »Beneke sprach sich so in diesen Gegenstand hinein, daß er von der Predigt kein Wort hörte: beim Herausgehen aus der Kirche war er entschlossen, sich ganz der Philosophie zu widmen; am folgenden Tage meldete er sich beim Dekan und in zwei Monaten (den 9. August 1820) war er als Privatdocent habilitiert.«[83] So zitiert Gramzow aus Benekes – nicht erhaltenem – rückblickendem Bericht.

Es fällt schwer, diese Worte zu kritisieren, doch ist der Bericht so verknappt, dass manches nicht recht plastisch wird. Sollte Beneke während Schleiermachers Predigt etwa wild auf den Bruder eingeredet haben? Das ist schwer vorstellbar, ja ausgeschlossen. Er war aber vielleicht vom Gespräch auf dem Weg in die Kirche so gefangen, dass er sich in eine träumerische Nachdenklichkeit verlor und nicht konzentriert zuhörte. Möglich ist auch, dass Schleiermacher damals über das Verhältnis von Theologie und Philosophie predigte und Eduard innerlich vernahm, was in der *Darstellung des theologischen Studiums zum Behuf einleitender Vorlesungen* knapp skizziert und in der *Glaubenslehre* definitiv ausgeführt ist: Grundsätzlich unterschied Schleiermacher zwischen philosophischer, historischer und praktischer Theologie.[84] Die philosophische hat die historische zum Zweck der christlichen Kirchenleitung in Apologie und Polemik zu klären. Die Anfänge einer Ketzerei zeigen sich in der Spaltung als »Verbrüderungen einzelner«.[85] Schleiermacher bekämpfte mit seiner Theologie die religiöse Sektiererei. Eduard knüpfte an diese polemisch-kritische Aufgabe an, wenn er die »vielfachen Verirrungen und Phantastereien« der Philosophen beklagte.

Man muss hier bedenken, dass Hegel bereits seit 1818 an der Berliner Universität wirkte und der Streit mit Schleiermacher damals schon ein Stadtgespräch war, das Beneke unmöglich verborgen geblieben sein konnte. Eduard folgte also mit seiner Konversionsentscheidung, seinem Erweckungserlebnis, nicht nur dem kritischen Anliegen Kants, das Wissen aufzuheben, um zum Glauben Platz zu machen, sondern er folgte dezidiert auch Schleiermacher.

Beachtlich ist schon die Entscheidungsfindung im Gespräch mit dem Bruder: Intuitionsberichte sind nach überlieferter Rhetorik meist ein einsames Geschehen. Gott ruft Augustinus, wie den

Einsiedler in der Wüste, unter einem Feigenbaum: *Tolle, lege*, nimm und lies! Rousseau stößt im Wald von Vincennes auf die Preisfrage der Akademie zu Dijon: *Si le rétablissement des sciences et des arts a contribué à épurer les mœurs?* Wie wirkt der wissenschaftlich-technische Fortschritt auf die Moral und Sitten der Menschen? Beneke entdeckt seine Aufgabe als religiöser Virtuose, anders als Augustinus oder Rousseau, im christlich erleuchteten brüderlichen Gespräch. Im Sinne Schleiermachers realisierte das unzertrennliche Paar die Aufgabe philosophischer Theologie arbeitsteilig in Apologie und Polemik: Während Carl in die Kirchenleitung strebte und in der christlichen Nachfolge selbst Prediger an der Dreifaltigkeitskirche wurde, übernahm Eduard den polemischen Part und hatte es deshalb mit seinem Fortkommen schwer: Gegen die metaphysischen Dunkelmänner in der philosophischen Fakultät entschied er sich strategisch zu einer Apologie und Dogmatik der Erfahrungsseelenkunde. Man muss seine Entscheidung für den Wechsel in die Philosophie also als strategischen Coup im Sinne Schleiermachers betrachten.

Auch der große reformierte Theologe hatte zu den preußischen Reformern gehört, die auf eine liberale Konstitutionalisierung Preußens in allen Bereichen zielten. Alles war im Geist der Vereinigung und Einheit gedacht. Die paramilitärischen Übungen in der Hasenheide gehörten zur formalen Bildung wie die Mathematik, die die Grundlage aller vernünftigen militärischen Planung ist. Eduard war im Zuge der Volksbewaffnung bei den Jägern eingetreten, die zwar der Linie unterstellt wurden, den partisanischen Geist des Landsturm-Edikts aber bewahrten, wie Bernhardi es in seiner Verabschiedungsrede den überlebenden Zöglingen für den weiteren Weg mitgegeben hatte: »Das Wesen des Lebens ist ein ununterbrochener Kampf!« Bei seinem Wechsel in die Philosophie folgte Eduard dem schulischen Auftrag zur Fortsetzung des Kampfes mit anderen Mitteln. Als nüchtern gesinnter Preuße kämpfte er hier gegen die spekulativen Karfreitage und bacchantischen Taumel des weinseligen Schwaben. Sosehr er die reformierten Verbrüderungen mit Schleiermacher auch als Ketzereien erkannte und verwerfen musste, so wenig verriet er bei seinem strategischen Wechsel in die Philosophie doch den preußischen Geist und urchristlichen Auftrag. Im Sinne des Landsturms trat er als Partisan der spekulativen Dogmatik in die philosophische Fakultät über. Von Anfang an kämpfte er dabei als echter Berliner und Schüler Schleiermachers mit offenem Visier.

Das Landsturm-Edikt war 1813 ja bald widerrufen worden, die kriegsfreiwillige Avantgarde wurde der regulären Linie einverleibt. Das preußische Missverhältnis zum Partisanen,[86] die Verkennung seiner strategischen Möglichkeiten, lebte dann in der Universitätsverwaltung als Förderung der spekulativen Dialektik fort, während die lautere Erfahrungsseelenkunde des preußischen Jägers wie ein flüchtiger Franzose verfehmt und verfolgt wurde. Bernhardis Widmung an Altenstein war ein glatter Verrat am schutzbefohlenen Zögling.

Der wahre Patriotismus zeigt sich nicht im Aufstand des Pöbels, sondern im ruhigen Dienst für den Staatsorganismus, das wusste selbst Hegel.[87] Von Anfang an blieb Eduard als Gegner Hegels ein getreuer Schüler Schleiermachers. Mit einem Lied auf den Lippen trat er damals aus der Predigt heraus: *Der wolcken, lufft und winden / gibt wege, lauf und bahn / Der wird auch wege finden / Da der fuß gehen kann.* Benekes *System der Metaphysik und Religionsphilosophie* bekannte sich auch Jahrzehnte später noch zum religiösen Gefühl der schlechthinnigen »Abhängigkeit«.[88] An Grundgedanken Schleiermachers hielt es fest. Allenfalls lässt sich Eduard vorwerfen, dass er seine partisanischen Anliegen und Waffen gegen Hegel und die Administration nicht genügend tarnte. Schleiermacher führte ihn 1820 als Schüler ein, im Streit mit Hegel stand er deshalb von Anfang an auf verlorenem Posten. Als alter Jäger verteidigte er so aber die wahre Ehre Preußens.

2. *Faust* im Keller. Benekes Trauer um Goethe

Man erinnert sich,[89] dass Beneke am 28. September 1830 in Weimar am Frauenplan vorsprach und trotz kurzem und wechselvollem Gesprächsverlauf mit neuen Hoffnungen für eine Berufung nach Jena in die Kochstraße mit der Gewissheit heimkehrte, in Goethe einen Förderer und Mitstreiter im Kampf gegen die metaphysischen Dunkelmänner gefunden zu haben, die ihm bislang seine akademische Laufbahn so vergällt und vergiftet hatten. Sein Zwischenbericht an den Bruder war nicht ganz frei von den Selbsttäuschungen gewesen, denen er öfter aufsaß. Goethes Abhandlung *Principes de Philosophie Zoologique*[90] erschien jedenfalls ausgerechnet in den verhassten *Jahrbüchern für wissenschaftliche Kritik*, die Hegel als eigene »Societät« und Gegen-Akademie begründet hatte und die trotz der bunten Vielfalt der versammelten Texte, die eher einem ungeordneten Aggregat als wahrem System ähnelten, für vieles einstanden, wogegen Eduard ritterlich ankämpfte.

Goethes Abhandlung berechtigte zwar die analytisch-induktive Methode, nicht weniger aber auch die »synthetische« und holistisch-deduktive Prolepse. Stets hatte Goethe das Zusammenspiel von Analyse und Synthese als Systole und Diastole des menschlichen Geistes gepriesen und selbst im Streit zwischen Kant und Herder keine Partei ergriffen. Schon lange empfand er aber auch die rechenschaftliche Pflicht, die Bruchstücke der Konfession seines Lebens um eine Erzählung von den Einwirkungen der neueren Philosophie auf seine Bildung zu bereichern. Namentlich dachte er hier, um vom einzigen Schiller zu schweigen, an Fichte, Schelling und Hegel sowie die Gebrüder Humboldt und Schlegel, denen er in Jena und Weimar näher verbunden war, als Eduard es bejahen konnte.[91] An Beneke dachte er nicht. Selbst Schopenhauer und Stiedenroth, Berliner Konkurrenten, durften sich engerer Anteilnahme erfreuen als der große Erfahrungsseelenkundler und wahre Erbe des seligen Moritz, dem Goethe eigentlich den Vorzug geben musste.

Oder etwa nicht? Goethe misstraute dem Königsweg introspektiver Psychologie und Selbsterkenntnis, aus der Eduard seine umfänglichen Werke schöpfte, hielt ihn, wie später etwa Foucault,[92] für eine »List geheim verbündeter Priester«,[93] und gab mehr auf die Weltkenntnis und Erfahrung. Naturphilosophisch glaubte er an Polarität und Steigerung. Seine morphologischen Studien der Natur betrachtete er als integralen Teil seines Werkes und Voraussetzung für seine Dichtung. Als erklärter Dilettant arbeitete er sich hier vor allem an Newton und Linné ab.

Hegels Besuch bei Goethe auf der Rückreise von Paris war einst nicht ohne Eindruck und Wirkung geblieben. Zwar schrieb Goethe für die *Jahrbücher* nicht die erbetene Besprechung der Tieck'schen Ausgabe von Dichtungen des verwilderten Jugendfreundes Jakob Michael Reinhold Lenz, des absurden »Clowns«, den Goethe schon im 11. Buch von *Dichtung und Wahrheit*[94] auf seine wahre, durchaus mediokre Bedeutung hatte zurechtstutzen müssen; für Hegels Societät und *Jahrbücher* erörterte er den »Zwiespalt« zwischen der analytischen und der synthetischen Denkweise aber am Beispiel des jüngsten Pariser Akademiestreites, der im Juli 1830 gerade in revolutionäre Zeiten fiel und Teil des Aufruhrs war.

Bei der Lektüre der Abhandlung wollte Eduard zunächst meinen, dass Goethe mit den Irrungen und Wirrungen der Pariser Akademie auch auf Berlin und Hegel anspielte. Nach schneller und gieriger Durchsicht des gerade im September 1830 erschienenen ersten Teils meinte er noch, Goethe habe Hegel die fällige Abfuhr erteilt; allein, es blieb ein Stachel, und je länger die Lektüre nachwirkte und Eduard dem vieldeutigen und unfasslichen Text nachsann, desto klammer ahnte er, dass Goethe alle Einseitigkeiten negierte und die Systole und Diastole der akademischen Auseinandersetzung als produktives Mittel und Leben des Geistes betrachtete.

Schon in seiner Geschichte der Farbenlehre hatte Goethe die Wissenschaftsgeschichtsschreibung auf ein neues Niveau geführt, indem er fern jeder Dogmatisierung der eigenlogischen Rationalisierungsbahn wissenschaftlicher Entdeckungen, die Hegels Geschichte des absoluten Geistes trug, auf die allzu menschlichen und kontingenten Faktoren der Wissenschaftsdynamik abhob und die verheerende Rolle persönlicher Motive und institutioneller Macht, von verrückten und verrannten Pietäten, Orthodoxien und Schultraditionen, herausstellte. Mit seiner Farbenlehre kämpfte er weniger gegen Newton als gegen dessen schulbildende Wirkungen. Den wenigen wahren Experimenten und Einsichten Newtons wusste er sehr wohl ihren Platz zu weisen; was ihn erbitterte und verdross, war nur die dogmatische Verabsolutierung partieller Erkenntnis und deren tyrannische Durchsetzung wider bessere Einsicht und Erfahrung.

In Hegels *Jahrbüchern für wissenschaftliche Kritik* lieferte Goethe nun ein letztes Mal eine wissenschaftsgeschichtliche Abhandlung ab, die über die Apologie der eigenen Rolle und Leistung hinausgehend auch eine ebenso großartige wie sarkastische Betrachtung des akademischen Betriebs anbot. Dass er dabei statt der einst versprochenen Rechenschaft von der Entwicklung der jüngsten Philosophie seit Kant mit den *Principes de Philosophie Zoologique* auf die französischen Verhältnisse und das Terrain auswich, das in deutscher Tradition unter das weite und fragwürdige Label der »Naturphilosophie« fiel, musste Hegel im September 1830 bei Erscheinen zwar als leisen Affront und Referenz an Schelling betrachten, dem Goethe einst schon in Jena und Weimar näher stand als dem »absoluten Geist«, der sich als Wissenschaft der Logik begriff. Diese leichte Enttäuschung war Hegel aber längst vertraut, und sein Begriff von Goethe war zu groß, als dass er dessen poetische Lizenz ernstlich hätte verurteilen können. Für die *Jahrbücher* war ein solcher Goethe-Text von bleibendem Wert, und wenn in der Wendung zur Naturphilosophie auch eine Volte lag, so konnte sich Hegel doch umgekehrt daran erfreuen, dass Goethe von der Poesie zur Wissenschaft schritt und so ein Stück weit anerkannte, dass ein Ende der Kunst und Dichtung nahte, weil der absolute Geist klarere Medien und Formen der Selbsterkenntnis entwickelt hatte. Irgendein Zusammenhang zwischen dem Erscheinen von Goethes Abhandlung und Hegels baldigem Cholera-Tod war deshalb vernünftigerweise nicht anzunehmen.

Mit seiner Abhandlung demonstrierte Goethe die Systole und Diastole des Geistes, die wiederholte Spiegelung, Polarität und Steigerung, ausgehend vom aktuellen Pariser Akademiestreit zwischen

Étienne Geoffroy Saint-Hilaire und Georges Léopold Cuvier. Er hob dessen paradigmatische Bedeutung hervor, indem er zeigte, dass er auf »höherer Stufe« den Streit zwischen Buffon und Daubenton wiederholte; Goethe strich auch die Tragik heraus, dass die Analytiker Daubenton und Cuvier sich gegen die ersten synthetischen »Voranschauungen« und Intuitionen ihrer Lehrer wenden mussten, gegen die »Aperçus«, wie Goethe gerne sagte. Solche analytische Kritik der synthetischen Vorgaben führte regelmäßig und fast unvermeidlich zu persönlichen Angriffen, Entwertungen und Streit.

Dem ersten Teil von Goethes Abhandlung folgte in den *Jahrbüchern* im März 1832 ein zweiter. Hegel lag damals bereits neben Fichte begraben, und Goethe hatte den vollendeten *Faust* längst versiegelt und seine literarische Sendung finalisiert. Im Fortsetzungsteil seiner Abhandlung erzählte er nun ein letztes Mal vom eigenen Weg in die Morphologie, den er als jüngste und wirksamste Steigerung der Geschichte verstand, und berichtete auch von Differenzen mit eigenen Lehrern, die zu peinlichen Einseitigkeiten und Trennungen geführt hatten. Goethe beließ es aber nicht bei dieser gesteigerten Tragik und höheren Spiegelung der Pariser Streitigkeiten, sondern bot in seiner Abhandlung auch sorgfältige Sprachkritik und Übersetzungen an, um der produktiven Verständigung die Bahn zu ebnen und den Weg der Trennungen zu vermeiden. Deshalb endete er mit dem versöhnlichen Angebot, das der Synthetiker Geoffroy Saint-Hilaire der Akademie schlichtend unterbreitet hatte. So sah er auch seine Aufgabe und Rolle. Ganz grundsätzlich meinte Goethe im zweiten Teil seiner Abhandlung:

> Vielleicht kommt der Fall in der Geschichte des Wissens und der Wissenschaft nicht wieder vor, daß an dem gleichen Ort, auf eben derselben Stelle, in Bezug auf dieselben Gegenstände, Amt und Pflicht gemäß, durch so lange Zeit eine Wissenschaft, im beständigen Gegensatze, von so höchst bedeutenden Männern wäre gefördert worden, welche, anstatt durch die Einheit der ihnen vorgelegten Aufgabe sich zu einer gemeinsamen Bearbeitung, wenn auch aus verschiedenen Gesichtspunkten, einladen zu lassen, nicht durch den Gegenstand, sondern durch die Art ihn anzusehen, bis zu feindseligem Widerstreit hingerissen gegeneinander auftreten. Ein so merkwürdiger Fall aber muß uns allen, muß der Wissenschaft selbst zum Besten gereichen! Möge doch jeder von uns bei dieser Gelegenheit sagen, daß *Sondern und Verknüpfen* zwey unzertrennliche Lebensacte sind. Vielleicht ist es besser gesagt: daß es unerläßlich ist, man möge wollen oder nicht, aus dem Ganzen in's Einzelne, aus dem Einzelnen in's Ganze zu gehen, und je lebendiger diese Functionen des Geistes, wie Aus- und Einathmen, sich zusammen verhalten, desto besser wird für die Wissenschaften und ihre Freunde gesorgt seyn.[95]

Die Publikation dieser großen Sätze in Hegels *Jahrbüchern* fiel Ende März 1832 direkt mit der erschütternden Nachricht von Goethes Tod zusammen. Als Eduard sie wieder und wieder las, dem verborgenen Sinn und den Berliner Anspielungen nachhorchte, Goethes Hingang betrauerte und sich der allzu kurzen Begegnung am Frauenplan erinnerte, des dunklen Blicks in die Weite und der Worte Montaignes, die Goethe gleichsam durch Eduard hindurch gesprochen hatte, wie in den Wind, der der Geist selbst ist, um sie in seiner Abhandlung gleich zwei Mal exponiert zu zitieren – *Ich lehre nicht, ich erzähle.* –,[96] da konnte Eduard sich plötzlich nicht mehr fassen; er warf die Hände vors Gesicht, schlug seinen Kopf in den Nacken, sodass der gestärkte Kragen einen Moment schmerzte, und schluchzte laut und heftig auf, bis das kleine Leben im Vogelbauer so heftig flatterte, dass Eduard wieder erwachte, verschämt um sich sah, das Fenster schloss und die Abhandlung beiseitelegte.

»Mein Goethe, großer Goethe!«, dachte er, »Es ging nicht anders! Was in Jena gelang, war in Berlin partout nicht möglich. Was habe ich nicht alles versucht! Gerne hätte ich Hegel in seinem holistischen Wahn ertragen, wenn er nur meiner bescheidenen Analyse ihre wahre Stätte gelassen hätte. Hegel ließ es nicht zu, die Systole und Diastole, die er als Dialektik beschwor. Wechselseitig anregende Steigerung blieb in Berlin ein Dichtertraum. Komm nach Berlin und schau, seliger Goethe! Komm und sieh, wie sehr der mephistophelische Geist alle Erben verblendet hat, wie er die Henning oder Michelet kujonierte und erniedrigte, sodass es den Geist erthötete und einem die Luft zum Athmen verschlug!«

Und er nahm sein kostbares Exemplar von Goethes unvollendetem *Faust*, den zwölften Band der *Ausgabe letzter Hand*,[97] den ihm der Bruder 1828 zum Weihnachtsfest geschenkt hatte, und ging damit in den Keller, um ihn in einer Kiste ausgeschiedener metaphysischer Schriften zu verstauen.

* * *

Goethe vergaß die flüchtige Begegnung mit dem armen Berliner Privatdozenten sehr bald, und auch auf Ottilie von Goethe, die Zeugin, hatte sie keinen nachhaltigen Eindruck gemacht, keinen jedenfalls, der etwa der Begegnung mit dem Engländer Marbot vergleichbar wäre,[98] der allerdings über eine subtilere romantische Psychologie und feinere Sinne der Beobachtung und des ästhetischen Taktes verfügte. Eduard brauchte dagegen einige Zeit, sich vom Schock zu erholen, konnte und wollte seinen Goethe nicht leicht vergessen; er hing ihm nach und beschloss seine *Erziehungslehre* 1834 mit einem eingehenden Zitat mündlicher Äußerungen über das Genie, das er einer französischen Zeitschrift von 1832 entnahm, die auf Goethes Tod reagiert hatte. Er suchte Goethe also posthum noch in seine Partei zu ziehen, indem er ablehnende Äußerungen über spekulative Stubengelehrsamkeit festhielt. Der alte Goethe soll gesagt haben:

> Mein Werk ist die Vereinigung von Wesen, die aus dem Ganzen der Natur entnommen sind; es führt den Namen »Goethe«. Abgeschmackte Menschen! Ihr macht es wie gewisse Philosophen

> unter meinen Landsleuten, die sich einbilden, wenn sie sich dreißig Jahre in ihr Studierzimmer einschlössen, und sich ausschließlich damit beschäftigten, die Ideen, die sie aus ihrem eigenen armen Gehirn hinausziehn, zu sieben und zu beuteln, so würden sie einen unerschöpflichen Quell von Originalität erlangen! Wißt ihr, was dabei herauskommt? – Wolken, nichts als Wolken! – Ich war lange genug so thöricht, mich mit diesen Abgeschmacktheiten zu quälen, daß mir in meinen alten Tagen wohl gestattet werden mag, mich darüber lustig zu machen.[99]

Zweifellos wollte Beneke diese Worte als späte Distanzierung von Hegel verstanden wissen. Es ist aber sehr fraglich, ob Goethe wirklich gegen Hegel sprach. Und es muss nicht näher ausgeführt werden, dass der Spott auf die spekulativen »Wolken« zwar auf Aristophanes anspielt, nicht aber den tieferen Sinn der Rede von den Wolken negiert, die »die Kraft und Ideen uns gnädig verleihen«. Diese Worte stehen für den Geist selbst und tragen manche philosophische Novelle.

Das sei hier ergänzend nachgetragen, speziell für die rührige, weltumspannende Gemeinde der Goethe-Freunde und -Forscher, die nun einmal immer noch größer ist als die verschworene Gemeinschaft der Beneke-Leser und -Jünger.

3. Grab, Graben, Kanal.
Letzte Stunden am 1. März

An jenem schlimmen 1. März des Jahres 1854, der bislang weder in der Berliner Universitätsgeschichte noch der preußischen Kriminalgeschichte gebührende Beachtung gefunden hat, war Eduard pünktlich zur Mittagsstunde in die Kochstraße heimgekehrt, mit der exakten Pedanterie, die schon dem Königsberger Vater aller neueren Philosophie eignete, die sich nicht im Idealismus verlor, dorthin, wo ihn der brüderliche Konsistorialrat mit einer bescheidenen, doch kräftigenden, im besten Sinne bürgerlichen Mahlzeit erwartete.

Seine Laune war den Umständen entsprechend gut, soweit das in den bangen Tagen der Hoffnung auf die Nachfolge Gablers bei angeschlagener Gesundheit überhaupt ging. Er mied jeden Anflug von Melancholie und sammelte sich für die kommende Vorlesung und die wenigen Hörer, die um der Abschlüsse willen noch kamen. Am Vormittag hatte er einem befreundeten Hause noch Geburtstagsgrüße ausgesprochen, die er mangels Frühlingsblumen mit seinem *Lehrbuch der pragmatischen Psychologie*[100] unterlegte. Nach der Mahlzeit genoss er dann seinen Tee, den er, wie gewohnt, aus heimischen Kräutern bereitete, die im nahe gelegenen Tiergarten wohlfeil waren. Er nahm dann einige alte Zeitungen und Karten zur Hand, Planungen des Landwehrkanals, um sich gefasster Stimmung des Gesprächs zu erinnern, das er 1830 einst am Frauenplan empfangen durfte.

Mit Goethe schweiften seine Gedanken in die

Weite: Was hatte Eduard in dem halben Jahrhundert, das ihm gegeben war, nicht alles erlebt! Die Franzosen, die Jäger, die Erhebung Preußens, den Aus- und Umbau der Stadt. Die Linden-Architektur war von Rom nach Florenz gewandert[101] und hatte den höfischen Caesarismus romantisiert und republikanisiert. Schinkel war zum Baumeister Berlins geworden. Was Goethe bereits als Zukunft erahnte, sah Eduard in zwei Jahrzehnten noch mit ungeheurer Dämonie und Dynamik triumphieren: die Verwandlung der Stadt in einen Industriestandort, die Entstehung »Feuerlands« im Norden und den Auszug des Bürgertums in den Westen, Borsig, Fabriken und Massenquartiere, soziales Elend und Verwahrlosung jenseits des Oranienburger Tors.[102] Eduard kannte vieles mehr vom Hörensagen, betrat »Vogtland« niemals, hielt Abstand zu den Zelten und kam kaum bis zur alten Peststätte der Charité. Er traute sich nicht in die überfüllten Pferdeomnibusse. Das Bethanien begrüßte er zwar, die Barrikaden von 1848 aber entsetzten ihn. Schon widerrechtlich herumliegende Zigarettenreste empörten sein zartes Gemüt.

Manchmal versuchte er die neueren Entwicklungen noch zu verstehen. Dann rekapitulierte er die Baugeschichte und sann auf gesamtplanerische Lösungen. Berlin war aus dem Kahn erbaut worden. Am Anfang stand die Bändigung des Wassers, Alt-Berlin und Alt-Kölln versanken noch fast im Wasser, und erst langsam fanden neue Quartiere festeren Grund. Die Wasserstraßen wurden kanalisiert, bevor die Wege gepflastert waren und Eisenbahn und S-Bahn folgten. Eduards Berlin umfasste jenseits von Friedrichswerder nur Dorotheen- und Friedrichstadt. Der Tiergarten war ihm seit Kindertagen vertraut, selten kam er aber in andere Gegenden. Potsdam oder Grunewald betrat er fast nie. Der neue Westen blieb ihm fremd, und die industriellen und proletarischen Viertel im Norden fürchtete er wie die Franzosen bei Nacht. Die jüngsten Bautätigkeiten im Zoogebiet aber hatten in ihm Träume geweckt, er verfolgte sie in den Zeitungen und sann auf ein Gesamtkonzept, wie es der Struktur und Neigung seiner Seele entsprach.

Goethe hatte ihn 1830 einst beim einzigen Treffen resolut auf den Ausbau der Wasserstraßen angesprochen: zur Eröffnung des Gesprächs und diskreten Prüfung des Berliner Besuches, der etwas verdächtig war, weil er sich ohne besondere Empfehlungen der dortigen Philosophen, die Goethe hofierten, geradewegs selbst eingeladen hatte. Der Kanalbau war in den 1820er-Jahren im Schafgraben versandet, da der König andere Prioritäten setzte: Mit der Liegnitz lebte er seit 1824 in morganatischer Beziehung. Goethe teilte zwar nicht den Dünkel des Hofes, wünschte aber Fürsten, die mehr der »Forderung des Tages« gehorchten. Beneke gegenüber, der wirklich nichts dafürkonnte, war er leicht verstimmt und ungehalten, als er den Stand der Arbeiten memorierte. Wer solle denn an der Zukunft bauen, wenn nicht die Fürsten? Das wäre Fridericus nicht passiert, dessen Kriege die Poesie beflügelt hatten: diese Schwäche der heutigen, von der Revolution in die Ecke gedrängten Könige; Napoleon schon gar nicht, der in St. Helena für den Fortschritt der Weltgeschichte – Eduard erinnerte sich genau, dass Goethe dieses Wort entglitt – vorzeitig verloren gegangen war. Aber niemand wisse, was werde. Warum keine erneute Rückkehr des Kyffhäuser?

Am Kampf der Studenten gegen die Beschlüsse der Allianz seien in Berlin auch Schüler des tüchtigen Hegel beteiligt gewesen, meinte Goethe, sie hätten die Flügel des preußischen Ikarus ziemlich zerzaust, geknickt und ermattet. Er, Goethe, wolle aber nicht weiter mit Politik inkommodieren, darüber möge der Berliner Professor nach Gusto denken. Er wolle noch Kanäle sehen, gegen die ein Landwehrkanal, wenn er denn komme, nur ein Rinnsal sei. Einen Durchstich vom Mexikanischen Meerbusen in den Stillen Ozean werde es geben![103] Die Vereinigten Staaten, dieses Land der Zukunft, mit dem die Turmgesellschaft innig verbunden sei, würden das schon schaffen. Die Engländer würden dann mit dem Suez-Kanal nachziehen, um nicht hinter das abtrünnige Kind zurückzufallen. Eine Verbindung der Donau mit dem Rhein sei auch nötig, nach dem Sieg über den Halbgott, den Deutschland nicht selbst errungen habe, obgleich einige Berliner Professoren dies glaubten. Ein solcher Kanal sei der geringste Beitrag des kommenden Deutschland zur Weltgesellschaft, das Weltliteratur von Weimar aus befördert.

Solchen Gedanken hing Eduard noch am frühen Nachmittag nach, als Neugeboren ein Buch zurückbrachte, um sich den jüngsten Band des

Archivs für die pragmatische Psychologie auszuleihen. Neugeborens spätere biografische Erinnerung, 1877 als Nachwort in die *Psychologisch-pädagogischen Abhandlungen* aufgenommen, verschwieg die briefliche Mitteilung, die er dem »freundlichen, liebreichen Mann«[104] bei der Gelegenheit übergab. Ein Naturwissenschaftler hatte sie schnell notiert, als er Benekes treuen Schüler, aus der Fakultätssitzung strebend, zufällig im Gang traf. Gewiss kannte Neugeboren den Inhalt nicht, sonst hätte er sich schwerlich mit den Worten verabschiedet: »Es ist schon Zeit; Sie werden nun gleich in die Vorlesung kommen.«[105] Der flüchtig geschriebene Zettel, in freundlicher Absicht hingeworfen, wird eine ernste Nachricht enthalten haben, die die Nachfolge Gablers betraf. Wir müssen annehmen, dass sie Beneke hart traf und in seiner Stimmung drückte.

Die mühsam errungene Contenance war also schon ziemlich dahin, als Eduard sich auf den Weg machte, den er seit Kindertagen in allen Varianten gegangen war. Erfahrungskundliche Motivforschung stößt hier an letzte Grenzen. Strikte Forschung kann deshalb nur sagen: »Was ihn dazu trieb, den gewohnten Weg zur Universität zu verlassen, bleibt rätselhaft.«[106] Auch die Nachricht von Mitteilungen aus der Fakultätssitzung und das vorliegende Stück pragmatischer Seelenforschung, das sich einigen Stunden des 1. Märzes widmet, die Gramzow vernachlässigt hatte, kann dieses Rätsel nicht gänzlich lösen. Der kritische Moment der Entscheidung, von der Wilhelmstraße abzubiegen und über den Oktogon der Leipziger Straße durch das Potsdamer Tor hindurch Richtung Tiergarten hinauszustreben, ist unvordenklich individuell. Ein empfindsames Seelenleben ist nur im Strukturganzen, nie im bestimmten Moment verständlich. Statt des Moments, dieses Einbruchs der Plötzlichkeit, ist nur ein träumerischer Komplex von Spuren zu erschließen, Indizien einer Motivationslage, die für das Geschehen am Flutgraben selbst, war es denn Mord, gänzlich irrelevant sind. Nur für den Weg, der zu den Tieren führte, geben sie einigen Aufschluss.

Beneke hatte sich am Nachmittag des 1. März in der Erinnerung an Goethe verloren: der Begegnung mit dem großen Mann, die ihm nicht weniger Epoche machte als dem Dichter die Erfurter Begegnung mit dem *Werther*-Kenner.[107] Am Potsdamer Tor kamen ihm graue Gestalten entgegen, drohend, wie die Quadriga von Schadow, die die Linden inspizierte. »Vier sah ich kommen, drei nur gehen«, dachte Eduard sich, »Geh, entfern Dich, graue Schwester!« »Ich bin am Ort«, hörte er sagen und sah nicht auf. Er summte aus der *Winterreise*, schwankte im Tempo, langsam und zögerlich, dann wieder stockte er, trat Steinchen hinweg, schlug sich vor die Stirne und schaute zu den nackten Kronen der Bäume auf. Versonnen sprach und plapperte er vor sich hin, ohne Sorge, dass andere den wunderlichen Professor anreden und etwa fragen wollten, ob alles in Ordnung sei. »Hacke um Schaufel, Schlag um Schlag«, murmelte Eduard, »nachts erscholl des Jammers Qual, morgens war er im Kanal. Warte nur, balde, brav wie Hegels Schwester,[108] so schnell schießen die Preußen nicht. Ach, gute Leute, es ging nicht pünktlich ab. Schöner Kanal, passt viel hinein. Ergreift das Werkzeug, die Schaufel rührt und Spaten! Man sprach von keinem Graben, doch vom Grab. Im Innern gibt es ein Land, der neuen Psychologie untertan, draußen rast die Flut. Nur der verdient sich Freiheit und Leben, der im Augenblick auf festem Grunde steht, über Gräben zu den Tieren!«

Wie oft war Eduard in den Tiergarten geschlendert und hatte dort seine Zeit verloren! Schon als Kind war er mit seinem Bruder zusammen zum Schulgarten und weiter zum Exerzierplatz gelaufen, wo die Holzmärkte waren und er manchmal einen Circus sah; er hatte die Soldaten bewundert und die dortigen Übungen und Paradierschritte zwischen den Wiesen, Äckern und alten Bäumen spielerisch zu Schlachten und Kriegszügen erweitert, fast gegen seine Natur, die nachdenklich, still und friedfertig war. Aber die Soldaten bestimmten in Berlin den Ton, und für die Bürgerskinder, die zum Hofe aufschauten, gab es kein höheres Dasein als den Dienst für König, Volk und Staat, da die Franzosen noch in der Stadt waren und die Zukunft Preußens ungewiss. Oft strebte er über den Kanonenweg, die spätere Tiergartenstraße, zur Fasanerie, als der Zoologische Garten noch nicht eröffnet war. Er kannte sich in der Gegend aus, den stillen wie den belebten Teilen, im vorderen wie hinteren Tiergarten, der längst nicht mehr bis zum Kupfergraben oder der Wallstraße reichte und als fürstliches Jagdrevier abgetrennt war. Eduard kannte ihn noch als Wald-

und Sumpflandschaft, von Brüchen und Gräben durchzogen. Manchmal hatte er in späteren Jahren in der Bellevuestraße oder Kleists Allee in einem der Gärten einen Tee oder Kaffee genommen und sich dazu ein Stück Gebäck gegönnt. Gerne spielte er beim Großen Stern in Knobelsdorffs Labyrinth, von dem der Poetensteig abzweigte; lieber noch bewunderte er aber nahe Bellevue die Maulbeerbäume und sah der Pflege der Seidenzucht zu, die eine Quelle höherer preußischer Kultur war. Am Brandenburger Tor stand er vor den Doppelskulpturen des Herkules und des Apollon und sann über die Vermählung von Kraft und Form, Anmut und Würde nach, die dem Herkules die Leier beigab und dem Apollon den Bogen. So träumte er in jungen Jahren auch von Hochzeit und einem romantischen Leben in der Polarität der Geschlechter und der natürlichen Ordnung.

Am Kanonenweg wohnte August Wilhelm Iffland, der große Schauspieler und Generaldirektor der Königlichen Bühnen; manchmal wartete Eduard vor der Türe, um ihn zu sehen. Oft schlenderte er in die von Justus Ehrenreich Sello errichtete Neue Partie der Seenlandschaft zur Rousseau-Insel und saß dort mit einem Buch. Am Begräbnis des großen Gärtners nahm er 1818 teil. Mit Kutsche oder Mietpferd war er nie unterwegs, das lag jenseits seiner Möglichkeiten. Er ging nur »in die Puppen«, wie der Berliner Volksmund sagte, die Wege entlang, die mit klassizistischen Statuen gespickt waren. Eines Tages traf er dort nahe der Rousseau-Insel denn auch sein Nettchen,[109] die mit einem leicht verdächtigen Schmöcker unterwegs war. Eduard bemerkte es mit einem Seitenblick irritiert, und es weckte seinen pädagogischen Eros, lange vor der Abfassung seiner bahnbrechenden *Erziehungs- und Unterrichtslehre*. Nach einer Reihe von Zufällen – erst verlor er sein Buch, dann ließ sie ihres fallen – fanden sie zu einem literarischen Gespräch, an das sich zu lose angedeuteter Zeit weitere mehr oder weniger zufällige Begegnungen anschlossen. Eines Tages, ein paar Stunden nach Abschluss der Promotion, am 1. Juli 1820, erkühnte Eduard sich dann zu fragen, ob sie sich verloben und ein gemeinsames Leben wagen wolle, sobald er seine fest zu erwartende Berufung amtlich fixiert habe.

Nettchen, ein schlichtes Mädchen, eine biedermeierliche Jungfer, ohne besonderen Aufwand nach der gängigen Mode mit ausladendem Hut, bei draller Erscheinung enger Taille und hochgeknüpftem Rüschenkleid aufgeputzt, hatte nach der förmlichen Werbung bei den Eltern und Fürsprache des Onkels sowie des Bruders Carl Gustav, des späteren Konsistorialrats, dessen Berufung zum Prediger sich damals bereits abzeichnete, zugesagt; das war nicht spontan und leichtfertig geschehen, wusste sie doch, dass der akademische Weg riskant war; sie sagte ihrem Fritze deshalb auch, dass ihr ein tüchtiges Avancement in einem aufstrebenden Berliner Gymnasium, im Grauen Kloster etwa, zur Gründung einer Familie vollauf genüge. Eduard hatte das vorläufig abgewehrt, im sicheren Vertrauen auf die neue Psychologie und den kommenden Ruf, der sich bald einstellen werde. Nettchen bat sich deshalb auch eine Verlobungszeit von höchstens drei Jahren aus, danach sei sie frei. Immerhin sei sie bereits 17 und wolle nicht als alte Schachtel enden. Darauf meinte Eduard sich damals, 1820, sicher einlassen zu können. Oft hatte er in den folgenden Monaten, über ein Jahr mit Nettchen unter den Birken am Poetensteig gesessen, der über Bach und Wiese führte, und gelegentlich ihre Hand gedrückt oder gar einen zarten Kuss auf die duftig gepuderte Wange. »Keine Perle ohne Ring«, sagte sie dann und dachte an ihre braven Eltern.

Bald sei es so weit, und sie könnten heiraten, versicherte Eduard immer wieder, seine Feder sei tüchtig und die ersten Hörer, so sagte er, rannten ihm fast die Bude ein, wenn er Seelenkrankheitslehre oder andere pikante Themen ankündigte. So klärte er gerade die Zurechnungsfrage im Falle des Tabakspinnergesellen Schmelling, der seine schwangere Geliebte 1817 in der Hasenheide erstochen hatte, weil Gott einen vereinten Liebestod wünschte. Der Fall zog sich hin, weil ein Gutachter in subtiler Analyse, jedoch ohne die Neue Psychologie, auf »wahnsinnigen Gemüthszustand« befand, während Hoffmann und Hitzig als Criminal-Richter Freiheit voraussetzten. Häring berichtete Eduard aus dem Kammergericht davon. Solche Fälle riefen nicht nur nach dem Richter und Henker, Arzt und Philosophen, sondern auch nach dem Dichter.[110] Einige solche Fälle von Frauenmord gab es damals, die Eduard in seiner Seelenkrankheitslehre erörterte und von denen er zwischen den Puppen so lebhaft und blutig zu erzählen wusste, dass es Nettchen mulmig wurde und sie ihre Stickerei hervornahm und das Gespräch auf andere Themen lenkte. Dorthin, zur Bank, wo er einst mit Nettchen saß, zog es Eduard nun erneut fast gegen seinen Willen am bitterkalten 1. März des Jahres 1854.

Dort hatte er zuletzt im März 1822 mit Nettchen gesessen, als er amtlich erfuhr, dass seine Lehrbefugnis kassiert sei, weil seine *Physik der Sitten*[111] in der ganzen Tendenz missfalle. Er konnte es schwerlich glauben, hielt es einige Wochen schlicht für ein bürokratisches Versehen, einen Irrtum, den die höhere Vernunft des Ministers bei näherer Kenntnis der Unterlagen korrigieren werde. Am 1. März 1822 hatte Eduard deshalb im Bewusstsein völliger Schuldlosigkeit und altpreußischem Vertrauen in die Konkordanz von Recht und Gerechtigkeit, Bürokratie und Kanzel, nach den wahren Gründen der Maßregelung gefragt. Nun lag diese Anfrage, die niemals präzise beantwortet wurde, auf den Tag genau 32 Jahre zurück, wie Eduard erschrocken feststellte, als er am Poetensteig eintraf und ihm die Szene von 1822 in allen Spuren so intensiv erneut vor Augen trat, dass er betroffen erstarrte und sich auf die altvertraute Bank sinken ließ, die einst die einzige Zeugin seines Glückes und aller Hoffnungen war.

Er sah Nettchen vor sich, wie sie herzlich weinte, die Tränen die rosigen Wangen hinunterrannen und den Puder abwuschen. Sie erglühte plötzlich heftig, erinnerte an das Verlobungsversprechen und wurde laut. Drei Jahre habe sie ihm gegeben, und nun das! Eduard wusste sich nicht zu lassen, stotterte etwas von seiner Psychologie und dem Sieg der Wahrheit, der so gewiss sei wie der Blitz des Apollon. Das wurde Nettchen zu bunt, sie sei nicht gelehrt, wisse aber sehr gut, dass sie bald 20 Jahre alt werde und nicht warten könne, auch nicht wolle, auf einen mittellosen Dozenten, der zwischen der Aussicht auf eine Familie und den Büchern nicht wirklich entschieden war. »Komm wieder, Fritze«, sagte sie, »wenn du ein Mann geworden bist. Glaubst du, ich heirate dich erst, wenn du im Amt bist? Da könnt' ich lange warten. Ins Nichts mit dir, in die Schlacht! Im Traum erringt man keine Kränze. Da, nimm und lies!« Und sie gab ihm Tiecks unlängst bei Reimer erschienene Ausgabe von *Heinrich von Kleists hinterlassenen Schriften* mit,[112] den Band, der den *Prinzen von Homburg* brachte, der lange verboten war und gerade in Wien Skandal gemacht hatte.

Über 30 Jahre hatte Eduard über Nettchens Worte nachgedacht, länger noch als über die unfasslichen Worte Goethes. »Glaubst du, ich heirate dich erst, wenn du im Amt bist?« Meinte sie das ernst? Wollte sie damit andeuten, sie wolle ihn auch ohne Titel? Das war Eduard nie eingefallen. War ihm die volle Manneskraft überhaupt gegeben? Manchmal träumte er davon, er hätte sie damals von der Bank gerissen, zwischen die Bäume geschleppt und unsittlich berührt. Manchmal träumte ihm gar, Nettchen hätte das erduldet oder geradezu erwünscht. Vorbei!

Kleists hinterlassene Schriften, was war das für eine Gabe? Eduard sammelte seine Erinnerungen: Kleist war ein Bankrotteur gewesen, wollte Soldat,

Bauer, Dichter, Buchhändler, Publizist werden und warf alles hin. Er liebte Käthchen wie Penthesilea, täuschte sich über seine Aussichten und geriet mit der Mitwelt leicht in Streit. Unstet zog er herum und träumte davon, mit einer Frau zusammen »zum Tode ganz reif«[113] zu werden, nichts mehr zu sehen als rundum den Himmel. Er trog sich über die amtliche Einschätzung seiner Verdienste, gelangte als Offizier aber immerhin bis zum Staatskanzler und bat und bettelte um ein Amt. Der Absatz seiner Schriften blieb »mehr als mittelmäßig«. Als fröhlicher Luftschiffer ging er auf Entdeckungsreise, suchte den »wolllüstigsten aller Tode« und sprang Hand in Hand mit der Vogelin hinunter zum See. Goethe war schockiert.

Kleist hatte sich mit seiner Verlobten einst am Wannsee die Kugel gegeben. Dazu war Nettchen nicht bereit, und Eduard war nicht der Philosoph, es zu wollen. War Nettchens Buchgeschenk die Pistole, die Werther durch Lotte empfing? Eduard verstand die Gabe und schrieb eine erste Besprechung für Kleist. Tiecks denkwürdige Ausgabe brachte außer dem *Prinzen von Homburg* noch *Die Hermannsschlacht*, das *Kriegslied der Deutschen* und weitere Texte. *Stehst Du auf, Germania? / Ist der Tag der Rache da?* Solchen Tönen hatte Eduard 1822 längst entsagt; er konzentrierte seine Besprechung deshalb ganz auf die Psychologie des Prinzen und las Kleist autobiografisch. Eduard prangerte das Unrecht an, das die Administration an ihm beging; er legte von seinem heroischen Umgang mit dem Unrecht im Spiegel Kleists Zeugnis ab.

»Ich arbeitete damals bereits an meiner Seelenkrankheitslehre«, dachte er auf der Bank laut vor sich hin, »und war ganz zerschmettert, dass Nettchen so streng mit mir war und mich sitzen ließ. Wie konnte ich ihr zeigen, dass ich ihre Vorwürfe verstanden hatte? Ich schrieb für das *Literarische Conversations-Blatt* die tüchtige Besprechung von Kleists *Prinzen*«;[114] Kleist widmete sein vaterländisches Drama der Prinzessin Amalie, warb um sie wie Novalis um Luise. »Es stimmt schon«, murmelte Eduard, »es zog mich damals eilig in den Hörsaal. Schneller als gewünscht kündigte ich Vorlesungen an. Aber ich tat es für Nettchen und meine Dame Philosophie. Kleists Prinz kapitulierte: ›Seit ich mein Grab sah, will ich nichts als leben.‹ Nettchen erklärte mir: ›Dein Grab ist nicht finstrer als die Schlacht.‹ Der Eid gilt. ›Ich will das heilige Gesetz des Kriegs, / Das ich verletzt, im Angesicht des Heers, / Durch einen freien Tod verherrlichen!‹«

Eduard saß noch immer am Poetensteig, auf der vertrauten Bank und besprach sich mit seinem Dämon. Der Weg war um diese kalte Stunde gottverlassen, und er faselte weiter. »Das Schicksal des Prinzen kannte ich schon vor Kleists Stück. Es stand mit Lützow vor mir, als wir zu den Jägern gingen. Wir hofften im April 1815 erneut auf einen Heldenkampf, kamen aber nicht einmal beim Vorposten an. Uns wurden die Schlachten genommen, Häring hat es nie verwunden. Ich sah später dann den wahren Feind vor mir, die Disputationskommission, stürzte nach Hause, vergrub mich in Nettchens Gabe und schrieb die Besprechung, die eine Bekehrung ins

Centrum stellte. War der sinnverwirrte Träumer bereits ein Held, als er über die Gräben stürmte und die Schlacht gewann? Sind Nachwandler mutig, wenn sie auf Dächern oder am Wasser stehen? Wann tritt ein Träumer ins wirkliche Leben? Die Wahrheit ist, dass mir auf Erden kaum zu helfen war. Was ist schon der Tod im Feld? Waren wir mutig, als wir uns zu den Jägern meldeten? Knabenspiele, schlechte Romane. Die Stunde der ernsten Prüfung kommt erst mit der Todesstrafe.« Eduard schaute in das vereiste, von Schneeresten schmutzig verödete Gewirr der Sträucher und Bäume. Er brach einen Zweig und trommelte leise auf die Bank.

»Zweimal wendete sich das Los. Der Prinz bettelte und wimmerte um Gnade. Seine Ideale waren gebrochen, als er das Urteil des Kriegsgerichts erhielt, wo er mit Lorbeer rechnete. Der König bestrafte ihn dafür, dass er den Sieg errang. Ist das psychologisch überzeugend? Das begriff meine Rezension als Problem des Stückes. ›Ist der schnelle Umschlag von Kühnheit in Feigheit, von der edlen Bereitwilligkeit, sein Leben zu opfern, zu knechtischer Lebensfurcht seelenwissenschaftlich zu rechtfertigen?‹, so etwa fragte ich 1822.

Und es gibt eine weitere Wendung: Verschloss sich der Prinz zunächst im schockierten Unverstand allen höheren Idealen, sehen wir ihn am Ende von der Todesfurcht erlöst. Das ungerechte Urteil war nicht definitiv. Der König hob es auf, und der Prinz gewann sein Vertrauen in die Krone zurück. Nach der Begnadigung wurde er für die Einsicht frei und konnte das unbillige Urteil, wie Sokrates, um der Ordnung willen bejahen. Mit der Aufforderung, sich selber zu richten, ging er in sich, erkannte die Notwendigkeit des Gesetzes und gewann seine Freiheit. ›Es ist mein unbeugsamer Wille, das heilige Gesetz des Krieges durch einen freien Tod zu verherrlichen. Nun, Unsterblichkeit, bist Du mein!‹ Echt preußische Gesinnung! Damit der Mensch sein Leben wagt, muss er an etwas glauben: an seinen Willen, sich selbst.

Hatte ich Kleists Lektion damals hinreichend verstanden, als ich mir nach Altensteins Schandurteil mit der Rezension Luft verschaffte? Die Tat am Wannsee bleibt unverständlich. Ich war so jung, zum Martyrium noch nicht bereit. Ich wollte das Unrecht nicht hinnehmen und meiner Berufung folgen. Nettchen hat mich damals zurechtgerückt, aber ich wagte es nicht, ins Graue Kloster zu gehen. Ich gab Nettchen frei. Sie heiratete bald einen Metzgersmeister, fand ein Glück, das ich nicht bieten konnte, und schlug sich die Romane aus dem Kopf.«

Eduard stand zitternd auf und wandte sich mit verhangenem Blick südwärts. Es war gut eine halbe Stunde nach fünf Uhr, 1. März, dunkel bewölkt. Eduards Tritte wurden unsicher, und er ging schwankend wie auf einer Planke oder Rampe, wo jeder Tritt in den Abgrund führen kann. Für einen Moment dachte er an die versäumte Vorlesung und bedauerte die letzten verbliebenen Hörer. Aber das Semesterende stand bevor, und leichte Unglücksfälle waren stets möglich, die einen Ausfall rechtfertigten. Seine Hörer waren mit der liberalen Gesinnung der Neuen Psychologie vertraut und würden lässliche Schwäche verzeihen. Kaum begriff Eduard seinen matten Zustand, da spürte er den innigen Wunsch, Trost bei den Tieren zu suchen und nach dem Stand des Baus am Raubtiergehege zu schauen. Er strebte in Richtung Zooeingang, immer in Sorge, auf den glatten Wegen zu verunglücken oder Beute des Gesindels zu werden, das sich herumtrieb. So ging er 1854 in sein Schicksal und stand bald am Rand des Kanals.

4. Letzte Spuren. Beneke und der Rechtsstaat

Wer heute vom Köllnischen Park Richtung Lindenstraße zum neuen Jüdischen Museum schlendert, gelangt bald an das barocke, 1735 eröffnete Kollegienhaus, das fast zwei Jahrhunderte, bis 1913, das ehrwürdige Kammergericht beherbergte. Diese alte Wirkungsstätte von Hitzig, Hoffmann und Häring, ein Stadtpalais, war nach 1945 wiederaufgebaut und später als West-Pendant des Märkischen Museums zum Berlin-Museum umgestaltet worden. Ende der 1990er-Jahre integrierte Libeskind es als Entree ins Jüdische Museum. Im Giebel des imposanten Portals ermahnen allegorische Sandsteinfiguren heute noch zur Gerechtigkeit und Barmherzigkeit. Bereits unter Samuel Cocceji hatte das Gericht legendären Ruf erlangt. Der Philosoph von Sanssouci erklärte in den *Berliner Nachrichten* öffentlich: »Vor der Justiz sind alle Leute gleich. Ein Justiz-Collegium, das Ungerechtigkeiten ausübt, ist gefährlicher und schlimmer als eine Diebesbande.«[115] Mit solchen Überzeugungen griff Friedrich gerne in die Justiz ein und ließ Richter mehr oder weniger willkürlich entlassen und einsperren. Das war 1854 aber längst überwunden. Nach dem Untergang des Alten Reiches kam es zwar vorübergehend zu einer Partikularisierung der einzelstaatlichen Rechtskreise, der Trend zur Liberalisierung des Strafrechts blieb aber ungebrochen und schritt in Theorie und Praxis weiter voran. Feuerbach, Mittermaier und andere setzten ihn in der Strafrechtstheorie durch und von den Rheinbundstaaten aus zog die Praxis nach. Justizminister Danckelmann brachte ein preußisches Strafgesetzbuch auf den Weg, das in der Ära von Kamptz zwar reaktionär revidiert, von Savigny dann aber zur Kodifikation gebracht und unter Simons abgeschlossen wurde.

Die preußische Verfassung von 1850 hatte die richterliche Unabhängigkeit sehr gestärkt. Urteile wurden zwar immer noch »im Namen des Königs« verkündigt; dem König aber war selbst das letzte Korrektiv eines Bestätigungsrechts genommen, das er gegen den populistischen Furor von Geschworenengerichten bisweilen mildernd eingesetzt hatte. Mit der Unabhängigkeit stieg nun der Auslegungsspielraum des Richters, der über den Buchstaben des Gesetzes hinaus auch auf Natur- und Gewohnheitsrecht durchgriff. Die Verfassung hatte die Mündlichkeit und Öffentlichkeit des Verfahrens garantiert und den Einfluss geschworener Laien gestärkt. Die Liberalisierung des Rechtsstaats konfligierte zwar noch bisweilen mit der förmlichen Rechtssicherheit, Eingriffe gingen aber jetzt weniger vom exekutiven Staat als von anderen Akteuren aus.

Man kann vom preußischen Rechtsstaat des 19. Jahrhunderts eigentlich nicht hoch genug denken. Sein Träger, der preußische Beamte, ist als Typus zu Recht legendär. Preußen war im 19. Jahrhundert nicht nur ein Militär- und Machtstaat, sondern auch ein fortschrittlicher Rechts- und Kulturstaat. Die preußische Romantik ist eine der schönsten Blüten deutscher Nationalkultur, und Berlin wurde im 19. Jahrhundert zu einem Herz der Welt. Eine pauschale Diffamierung der preußischen Justiz wäre völlig abwegig. Längst wurde aber auch klar, dass jeder Fortschritt seine Kehrseite hat und jede Kulturleistung neue Möglichkeiten des Missbrauchs und der Barbarei stiftet. Ständig hören wir: »Es ist niemals ein Dokument der Kultur, ohne zugleich ein solches der Barbarei zu sein.«[116] Das gilt sowohl für die richterliche Unabhängigkeit als auch die entfesselte Advokatur. Die Probleme wurden zwar früh gesehen und einige Bremsen eingezogen; wenn ein Beamter in Ausübung seiner Amtspflichten etwa Geschenke oder andere Vorteile annahm, stand darauf Zuchthaus bis zu fünf Jahren. Nicht völlig auszuschließen ist dennoch, dass die Organisierte Kriminalität an Benekes Mördern aus naheliegenden Gründen ein besonderes Interesse hatte, sich den zuständigen Richter kaufte oder das Verfahren durch andere Zuwendungen und Drohungen beeinflusste.

Leichter noch waren die Geschworenen zu gewinnen. Wenn die Gerechtigkeit selbst nämlich auch naturgemäß unbekannt und ungreifbar ist,[117] sind Urteile doch käuflich. Wer das Geld hat, hat die Macht, und wer die Macht hat, hat das Recht. Diese schlichte Wahrheit kennt der Berliner Volksmund seit zwei Jahrhunderten durch seine Sänger.[118] Auch der beste Rechtsstaat kann den Missbrauch der Verfahren nicht völlig ausschließen. Die Justiz hinkt hinterher, und mit den Menschen sind Fehler garantiert. Die Organisierte Kriminalität ist der Polizei und Justiz logistisch und technisch meist einen Schritt voraus, sodass es naiv wäre anzunehmen, dass der Rechtsstaat einer geschickten Verteidigung mit hohem Aufwand und Waffengleichheit entgegentreten könnte. Ein Professor war verschwunden, vielleicht hatte er seinen Pelz einem Bedürftigen hinterlassen, weil er in wärmere Gefilde auszog. Gute Anwälte schüttelten solche Hypothesen mit höhnischem Unterton locker aus dem Frack. Eine Leiche gab es 1854 noch nicht. Falls ein Todesfall überhaupt vorlag, ließ er sich als Unfall oder Selbstmord abtun.

Preußen hatte lange am Dualismus des preußischen und rheinisch-französischen Rechts laboriert. Mit dem *Strafgesetzbuch für die preußischen Staaten* von 1851 wurde dann eine einheitliche Basis geschaffen. Es bestand eine allgemeine Pflicht zur Anzeige und Aufklärung jedes Verbrechens. Durch die Suchanzeige[119] des Konsistorialrats Carl Gustav lag ein starker Verdacht vor, und da Benekes Pelz bei der Berliner Kanaille gefunden wurde, war mindestens von gemeinem Straßenraub auszugehen, was Ermittlungen vor Ort erforderlich machte.

Die Kriminalordnung regelte die medizinische Klärung von Tatbeständen detailliert. Bei Körpern, die aus dem Wasser gezogen, erhängt oder sonst wie tot aufgefunden wurden, musste die Untersuchung auf die wirkliche Todesursache gerichtet sein. Im Fall Beneke wurde die Umgebung des Tatorts aber offenbar nicht gründlich abgesucht, sodass der stark verweste, fast vollständig skelettierte Leichnam erst am 2. Juni 1856, zwei Jahre nach der Vernehmung der – formal wohl bei Nettchens Gatten beschäftigten – Metzgergesellen, an der Unteren Freiarche im Flutgraben mehr zufällig geborgen wurde.[120] Die polizeiliche Ermittlung konnte sich dafür nicht auf mangelnde Technik herausreden. Zwar verfügte sie bei Weitem nicht über die heutigen Möglichkeiten; seit dem späten 17. Jahrhundert gab es aber bereits Taucherglocken mit Luftversorgung, die im Flutgraben einsetzbar waren. 1854 hätte man vom unglücklichen Philosophen dann noch mehr gefunden als die schwarzseidene Weste mit der Perlziehbörse und den wenigen Talern und Groschen, die 1856 auftauchten. Die Berliner Polizei war aber schon damals, unter Hinckeldey, unterfinanziert. Amtlich galt Beneke nur als vermisst und verschollen. War er mit einem Berliner Straßenmädchen davongezogen? Vielleicht in Hegels »Land der Zukunft«,[121] wohin die Hungernden, Entrechteten und Verzweifelten gerade in Massen migrierten? Als die polizeiliche Ermittlung den Konsistorialrat mit solchen Fragen konfrontierte, verneinte der pikiert.

Das Kammergericht hatte in seinen Anfängen noch sehr weite Aufgaben. Mitte des 19. Jahrhunderts wurde die Staatsanwaltschaft aber abgetrennt und der Typus des rhetorisch begabten, liberalen Advokaten entstand, der dem Staat seine Grenzen demonstrierte und im Vormärz als Speerspitze der Revolution auftrat. Ein tüchtiger Anwalt des Staates, wie Wilhelm Stieber, der die *Communisten-Verschwörungen des 19. Jahrhunderts*[122] in ihrer Tragweite erkannt hatte, war damals in der Justiz kaum noch zu halten. Immerhin formierte sich eine effiziente politische Polizei, die die präventive Ausspähung im Schulterschluss mit dem Generalpostmeister Nagler, diesem Genie der Postüberwachung, professionalisierte und auch mit dem Kriminalsenat des Kammergerichts eng zusammenarbeitete.[123] Hinckeldey reaktivierte als Polizeipräsident dann nach 1848 endlich auch Stieler, jenes kriminalistische Naturtalent vollendeter Amoralität, auf das die Institutionalisierung unseres Verfassungsschutzes zurückgeht und auf dessen Dienste Fürst Bismarck selbst nach der Reichsgründung noch nicht verzichten mochte.

Seit 1849 musste bei schweren Verbrechen ein Verteidiger bestellt werden. Die alte Hoffnung, dass die vereinheitlichte Ausbildung eine korporative Gesinnung zeugte, zerbrach nun im strategischen Raum des Gerichtssaals. Recht und Gerechtigkeit traten auseinander und das Geschäft wurde dem Anwalt zum Sport; sein Ehrgeiz und Ruhm ging nun darauf, auch und gerade den schuldigen Täter in der Arena des Gerichtssaals vor aller Öffentlichkeit seiner verdienten Strafe zu entziehen. Wer zur Organisierten Kriminalität gehörte, wie Benekes letzte Zeugen, musste fortan kein Gericht ernstlich mehr fürchten.

Einer der ersten Berliner Staranwälte war damals Vincenz Deycks; er trat zwar im schwarzen Frack auf, scheute sich aber nicht, den Staat mit großer Rhetorik zu beschimpfen. Seine Mitarbeiter und Schüler zeigten dem organisierten Verbrechen gegenüber keinerlei Berührungsängste. »Auch der Verbrecher hat seine Ehre«, pflegten sie Hegel zu zitieren,[124] ohne dessen These zu übernehmen, dass diese Ehre in der verdienten Strafe besteht. Sie setzten sie ins Plädoyer und sprachen wider besseres Wissen skrupellos für den Angeklagten. Die Kriminalordnung von 1805 regelte zwar bereits unmissverständlich: »Diebe, Betrüger und ähnliche Verbrecher werden in der Regel jederzeit verhaftet; andre Verbrecher in der Regel nur, wenn die Strafe, welche sie zu erwarten haben, wahrscheinlich einjährige Einsperrung übersteigt.« Der Richter musste bei Verhaftungen aber mit Schonung verfahren. Hier konnte der Anwalt seine Sophistereien ansetzen, etwa auf Kaution und Freigang plädieren, was in der Causa Beneke vermutlich geschah, sodass die Beklagten vor der Hauptverhandlung auf freien Fuß gelangten, um umgehend unterzutauchen. Ansonsten hätte es nach dem grausigen Fund von 1856 eine Wiederaufnahme des Verfahrens geben müssen.

Von jeder Vernehmung hielt ein behördliches Protokoll die Personalien und Version des Beklagten fest. Beschuldigte waren zwar von Ketten zu befreien und mit Gleichmut zu befragen; solange aber kein vollständiger Beweis vorlag, war vom schlimmsten Fall auszugehen. Bei Beneke konnte das nur Mord sein, und das Strafgesetzbuch von

1851 regelte hier unmissverständlich: »Wer vorsätzlich oder mit Ueberlegung einen Menschen tödtet, begeht einen Mord und wird mit dem Tode bestraft.«[125] Der Richter hatte alle Beweismittel und Zeugen zu berücksichtigen. Ein Verbrechen lag laut Strafgesetzbuch nicht vor, wenn eine freie Willensbestimmung auszuschließen war. Bei ungeklärten Tatbeständen erfolgte eine vorläufige Lossprechung, völlige Freisprechung bedurfte des Erweises gänzlicher Unschuld. Eine dritte Möglichkeit war die dauernde Verschleppung des Verfahrens im niedrigen Prozessstadium.[126] Der Beklagte war dann vor einer Verurteilung so sicher, als wäre er frei. Eine völlige Freisprechung kam für die Berliner Kanaille nicht in Betracht.

Bei geringen Vergehen konnte der Beklagte auf einen Anwalt verzichten. Im Fall Beneke bestanden die Metzgergesellen aber auf einem Anwalt. Dass dann ein einschlägig bekannter Staranwalt die Sache übernahm, dessen Honorar den Jahreslohn des einfachen Metzgers bei Weitem überstieg, musste das Gericht eigentlich alarmieren; seine Möglichkeiten waren jedoch rechtsstaatlich eng begrenzt. Der Anwalt sollte sich zwar aller sophistischen Auslegungen enthalten, verstand es aber in der Regel nur zu gut, die Schwachstellen des Gerichts und der Geschworenen zu erkennen, sein Engagement als selbstlosen Einsatz für die Gerechtigkeit darzustellen und soziales Ressentiment zu schüren. Nach 1848 konnte er bereits auf einen antiakademischen Affekt vertrauen, und so gelang es schnell und wirkungsvoll, die Metzgergesellen als unschuldige Opfer zu stilisieren und das ganze Verfahren der politischen Justiz zu verdächtigen, die gegen die einfachen proletarischen Handwerkergesellen die Partei des bourgeoisen Akademikers ergriff.

Das empörte die Angehörigen des Opfers, insbesondere den Bruder Carl Gustav Beneke, der als Prediger der Dreifaltigkeitskirche und langjähriges Mitglied des Konsistoriums der Provinz Brandenburg stadtbekannt war. Der Konsistorialrat bemühte sich deshalb im Gegenzug mit einiger Wirkung seinerseits nach Kräften, das gottlose Geschäft des käuflichen Anwalts über evangelische Kreise anzuprangern. Manche Berliner Kanzel predigte damals gegen eine Rechtskultur, die den geschäftlich pervertierten Buchstaben über den Geist der Gerechtigkeit stellte. Der Prozess erregte deshalb auch in der Lokalpresse: der *Arbeiterzeitung*, dem *Berliner Krakeler, Tagestelegraphen* und den *Fliegenden Blättern* einiges Aufsehen, und Bänkelsänger düsterer Quartiere in Feuerland begannen sich für das Schicksal der ehrlichen Metzger und den Dünkel des Professors zu interessieren. Die evangelische Stimme verhallte im proletarischen Berlin zwar damals bereits unerhört; die Spuren der niederen Presse lassen sich aber in der mündlichen Überlieferung noch bis in neuere Gassenhauer verfolgen. Auch die Erinnerung an den Doppelmord vom Januar 1919 – an Karl und Rosa – knüpfte daran an.

Von dieser öffentlichen Anteilnahme sind leider nur wenige schriftliche Quellen erhalten. Gerade Berlin hat furchtbare Kriegsverluste erlitten. Ist der

Untergang mancher Flugblätter und Lieder dabei noch einigermaßen zu verschmerzen, so sind die Akten des Kammergerichts doch fast vollständig verloren. Man sollte die Hoffnung zwar nicht voreilig aufgeben: Es gab damals bereits doppelte und dreifache Registratur. Findige Historiker könnten also dereinst noch etwas ermitteln, in russischen Archiven vielleicht. Weil bislang aber trotz erheblicher Recherchebemühungen noch keine Beneke-Akten aufgefunden wurden, muss nach Lage der Dinge vorläufig davon ausgegangen werden, dass sie verloren sind. Auf eine definitive Klärung des Falles ist deshalb kaum noch zu hoffen. Vom Prozessverlauf bleibt uns heute außer einer knappen Notiz[127] nichts als ein flüchtiger, vom Papierfraß gezeichneter Zettel mit phonetischen Notaten aus der Hand Härings, von einer Voruntersuchung oder einem beiläufigen Interview auf dem Gang in den Gerichtssaal. Beim professionellen Niveau der preußischen Justiz ist nicht anzunehmen, dass der Text einem regelgerechten Verhörprotokoll entstammte. Häring muss die Gunst des Moments aber für den *Pitaval* als erfahrener Gerichtsreporter ergriffen und auf eigene Faust gehandelt haben. Vielleicht hatte er die Täter mit einer alkoholischen Zuwendung bestochen. Der Status der Aufzeichnungen lässt sich aber beim besten Willen nicht mehr genau klären. Seien wir dankbar, dass wir wenigstens dieses schwache Zeugnis haben. Es lautet:

Da stand son Hansl am Wassa. Mantel hatta abjelegt und kiekte runta. Dachtn wa, wat soll denn ditte? War schon ziemlich dustah, janz schön kalt. Jehn wa hin. »Junge«, sachten wa, »wat machsten da? Is doch jlatt!« Kiekta uns einfach an, janz starr, mit som Hühnchenjesicht, keen Fleisch dran, und stottat wat wie »Hilfe!« und »Wech da!«.

Jehn wa hin, der jehtn Stück zurück und schreit noch wat und dann: bumms und plautz. War weg, lag im Kanal. Dachten wa, na wenna dit so will. Ejal. Nehm wa den Mantel, war ja kalt, wat soll der da liejen bleiben, klaut doch nur eenah. Sind wa dann jejangen. Ham wa nich mehr dran jedacht, auf ehnma steht ne Pickelhaube vor da Tür und … wat solln wa da sajen. Is schon so lang her. Hamm wa schon zu viel jesacht.

Diese Protokollfetzen sind zwar juristisch nicht belastbar, doch schon nach dieser Version war eine Reihe von Tatbeständen strikt zu ahnden. Die Annäherung der Täter an das verwirrte Opfer konnte als Nötigung und versuchter Totschlag, die Entfernung vom Tatort als unterlassene Hilfeleistung, die Mitnahme des Pelzes als Raub oder Diebstahl betrachtet werden. Dies und anderes summierte sich. Auf Diebstahl stand Gefängnis »nicht unter einem Monate«. Zuchthausstrafen bis zu zehn Jahren waren möglich, »wenn auf einem öffentlichen Wege, einer Straße, einem öffentlichen Platze, einer Wasserstraße oder Eisenbahn«[128] gestohlen wurde. Wer bereits zwei- oder mehrere Male rechtskräftig wegen Raub oder Diebstahl verurteilt war, sollte bei einfachem Diebstahl mit

Zuchthaus bis zu fünfzehn Jahren bestraft werden; Raub unterschied sich vom Diebstahl durch die Anwendung von Drohungen oder Gewalt. Unter fünf Jahren kam man dann nicht davon. Wenigstens das war nach der Version der Täter anzunehmen. Und auch dieses Protokoll will selbstverständlich apologetisch vom wahren Verlauf ablenken. Metzgergesellen sind ja nicht blöde. Im Vorfeld kamen sie vermutlich auf Kaution frei und tauchten unter, sonst hätte das Verfahren 1856 zwingend wiederaufgenommen werden müssen.

Vielleicht bleiben diese Bruchstücke einer Erzählung deshalb die letzten Quellen zum Prozess. Bei besserer Quellenlage wäre Benekes Tod zum paradigmatischen Fall der Rechtsgeschichte geworden und Eduard hätte einen Blutstein am Tatort erhalten, der das Fehlen eines eigenen Grabsteins kompensierte. Das Wort »Justizskandal« fällt heute schnell in der Presse. Der liberale Rechtsstaat musste sich im 19. Jahrhundert aber erst formieren und eine vernünftige Praxis finden. Die Kriminalgeschichte ist voller unaufgeklärter Verbrechen, Schlampereien und ungerechter Urteile. Für die Rechtshistorie blieb der Tod des unberufenen Professors nur eine Marginalie. Als seine Leiche im Juni 1856 im Flutgraben gefunden wurde, war der vorausgegangene Prozess in der weiteren Öffentlichkeit längst vergessen. Der amtierende Rektor der Universität, der berühmte Chemiker Eilhard Mitscherlich, eilte zwar sogleich zum Fundort, interessierte sich dort aber nur für die Verwesungsprozesse. In der Fakultät wurde der Kanalfund damals nur flüchtig erwähnt. Der Konsistorialrat ließ zwar eine prächtige Beerdigung ausrichten, kein Ordinarius aber hat Eduard Benekes letzten Weg begleitet. Trendelenburg wurde dann erneut Rektor und an besondere Gedächtnisfeiern war nicht weiter zu denken.

5. Diltheys Beichte

Berlin, d. 28. Januar 1904

Hochverehrter, theurer Kollege und Freund,
ich bin von der wundervollen Stunde der Feier Ihres seltenen 90. Geburtstags und vom Abschied aus Stuttgart noch ganz bewegt und erfüllt. Die Glückwünsche der Universität, die ich überreichen durfte,[129] *brauche ich hier nicht zu wiederholen. Ihre Philosophie der Griechen,*[130] *mehr als eine Geschichte der alten Philosophie, bleibt als ein Hauptwerk der Epoche; Ihre große historische Anschauung, Objektivität und Gerechtigkeit steht mustergültig für die Freiheit des Geistes. Wer auch immer unsere königliche Universität betritt und Ihre Büste neben Helmholtz gewahrt, wird daran gemahnt und erinnert. Wann und wo werden wir uns aber wiedersehen, mein alter väterlicher Freund?*
Wie viele Jahre haben wir, lieber Zeller, nicht zum Segen unserer Universität einträchtig nebeneinander gewirkt? Aber was ist das schon im Ganzen der Jahrzehnte, in denen Sie der deutschen Universität und Weltgeltung der Wissenschaft Ihre

Gelehrsamkeit schenken? Vor Jahren hatte ich bereits Gelegenheit, an Ihre Jugendwirksamkeit zu erinnern. Es lebt doch alles von den Anfängen her und es frommt dem Alter zurückzublicken. Sie haben durch die Theologischen Jahrbücher den Geist von Hegel und Baur über den Bruch von 1848 hinweggerettet und im entschlossenen Kampf gegen Orthodoxie und Reaction das beste Erbe von Goethes Jahrhundert in unser blühendes Kaiserreich übersetzt. Darf man es als eine List der Vernunft bezeichnen, daß die Marburger Sie aus der Theologie in die Philosophie versetzten, in die königliche Wissenschaft, der Sie das Erbe des objektiven Idealismus auch durch eine kühne Wendung zu Kant zurück sicherten? Ich gestehe es, von Schleiermacher und Trendelenburg führte der Weg nur über Sie, Sie sind der erste Erbe, dessen Gesamtschau gültig bleibt, in der buchstäblichen Strenge, die ich in meiner Jugendandacht mitunter etwas vernachlässige. Meine Geschichte der organischen Entwicklung des deutschen Geistes ist allenfalls in Bruchstücken vollendet, und manche Lücke lastet heute wie ein Mühlstein auf meiner auch schon betagten Seele.
In Stuttgart sprachen wir am Rand allzu kurz über manches, was wir gemeinsam beschlossen, erlebt und auch verhindert haben. Nicht alles ist gelungen. Wir konnten es gegen den höheren Willen des Ministerialdirectors Althoffs, dem wir vieles verdanken, nicht wehren, dass Paulsen und Ebbinghaus an unserer Universität reüssierten, und es wären noch andere zu nennen, die unse-

rer königlichen Universität keine nachhaltige Ehre machten. Dagegen sahen wir manche recht deutsche, armselige Gelehrtentragödie, die Besseres verdient hatte. Beneke, Waitz, Überweg sind nur einige aus der Reihe unglücklicher Schicksale, die zu denken geben. Nicht jeder aber kann siegen. Sie haben das beste Erbe Hegels in Tübingen und Berlin in den 1830er Jahren noch erlebt, sind echten Schülern von Schleiermacher und Hegel als Student, Kollege und Freund begegnet, haben die Fackel getragen und die Kämpfe gesehen, die umso fataler waren, je mehr sie von einem feindlichen Boden kamen, der nicht der Geist und das Leben selbst war, nicht die geheiligte Natur, sondern materielle Gesinnung allein.

In Stuttgart erzählten Sie beiläufig von einer Szene, die Sie in Ihrer Berliner Studienzeit auf dem Gang beobachten mussten, von einem Affront, den der ebenso unselige wie unglückliche Beneke beging. Ich gestehe, daß ich von dieser Tat[131] *gerüchteweise gehört hatte und sie mir auf spätere Jahre datierte. Daß Beneke bald nach Gablers Ankunft bereits auf ihn losging, verwundert jedoch beim alten Jäger nicht. Und wie Recht er eigentlich gegen Gabler hatte, lassen Sie es uns gestehen! Er war ja nicht nur der erbitterte Gegner Hegels, gegen den manches zu sagen ist, sondern auch der getreue Schüler des Moritz und Schleiermachers. Und auch ich kämpfe in meiner Weise gegen eine falsche Metaphysik, die den Zugang zum Leben versperrt.*

Wie oft habe ich daran gedacht und ernsthaft

darüber nachgesonnen, ob ich nicht unbedingt verpflichtet sei, ihm meine Referenz zu erweisen und den bleibenden Verdienst zu schildern. Überweg[132] *hat im dritten Band seines* Grundrisses *zwar eingehend an Beneke erinnert, aber wer hörte darauf? Erdmann kanzelte ihn gleichzeitig in seinem Bericht von der Auflösung der Hegel'schen Schule ab, meinte gar, Beneke sei »nicht unvorsätzlich ertrunken«.*[133] *Das hat viele verprellt. Ich hätte in den* Monatsheften *oder den* Preußischen Jahrbüchern *schreiben sollen! Bis heute ist er der einzige gebürtige Berliner im Fach. Einer meiner jüngsten hoffnungsvollen Schüler*[134]*, ein Namensvetter von Ihnen wie Beneke, kommt zwar aus der Friedrichsstadt, aber er strebt in die Pädagogik, so daß er für die strengere Wissenschaft wohl verloren ist. Bisher konnte ich Beneke nicht gebührend in die Kette preußischer Portraits stellen, die später vielleicht einmal als mein Kärrnerwerk entdeckt werden wird. Dabei leitete ihn die große Wahrheit, der ich mich zutiefst verpflichtet weiß, daß nur die innere Erfahrung uns die volle Wirklichkeit des Seelenlebens aufschließt. Sie wissen, weshalb ich es nicht tun durfte! Es hätte das Unrecht, das die Universität über Hegels Tod hinaus an ihm beging, in die Welt getragen und das Ansehen unserer Anstalt, die wir über alles lieben und achten, da wir im Geiste Goethes an eine universale Weltliteratur und Menschheit glauben, doch ernstlich getrübt und besudelt. Dieses Unrecht ist ganz zu scheiden von der impertinenten Vereinnahmung durch den Ihnen wohl* *noch erinnerlichen Dr. Dühring, den die Fakultät in Ihrer Zeit als Dekan rügen und remotieren mußte. Dühring verwechselte die königliche Universität mit einem Kriegsschauplatz. Es wurde 1877 höchste Zeit, sich von diesem Weltanschauungswirrkopf zu trennen. Beneke dagegen war eigentlich harmlos. Ein mäßiges Entgegenkommen hätte ihn bereits gewonnen. Vielleicht hätte er dann auch von seiner Polemik gegen den objektiven Idealismus abgelassen. Die Universität hatte hier aber wenig Spielraum. Es sollte nicht sein, um unserer geliebten Alma Mater willen. Ich weiß, so dachten auch Sie, in Ihrer großen* Geschichte der deutschen Philosophie,[135] *und so denken wir eigentlich alle, die wir wissen, woher wir stammen und was wir als Erbe fortzutragen und zu schützen haben. Der Kaiser sichert die Weltgeltung des endlich vereinigten Reiches durch seine Marine, die Schulkinder tragen gestreifte Matrosenanzüge und wir haben im Regiment königlicher Wissenschaft das Gedächtnis von Traditionen zu sein, die nur dann fortwirken, wenn sie würdig und rein erinnert werden.*

Das alles müssen wir aber mit unserem Gewissen vereinbaren, und da gelange ich heute zu einem Geständnis, verehrter Kollege, das ich nicht an mich halten kann, bevor wir scheiden, und für das ich Sie vorbereitet weiß, seit Sie in Stuttgart beiläufig, aber doch wohl schweren Herzens von der alten Szene auf dem Gange sprachen, der Sie Zeuge wurden. Habe ich Ihr mir so vertrautes, an Kant gemahnendes edles Antlitz richtig gedeu-

tet? Sie wissen es, auch ich habe von Beneke mehr gelernt, als ehrenvoll zu überliefern ist. Die königliche Universität hat seinen Erdenweg behindert und gebrochen, um ihres Rufes willen, der uns über alles geht, selbst über das Vaterland. Denn die Universität ist unsere Heimat. Sie sind als Stiftsschüler, Schwabe und Berliner der wahre Erbe von Baurs Hegel. Um der Universität willen durften wir nicht alles sagen, was wir Beneke in unserer Auffassung des geheiligten Geistes und der verstehenden Psychologie verdanken.
Es wurde mir gerade wieder klar, als ich über Hegels Berliner Periode nachsann,[136] und ich muß gestehen, daß der alte Beneke mich eigentlich näher angeht als der junge Hegel, über den ich gerade schreibe. Immer wieder wollte ich sein Andenken sichern. Ich weiß, es macht sonst keiner. Gramzows verschmiertes Portrait wird in den Kellern verstauben. Unser alexandrinisches Zeitalter ging an der Rettung seiner Papiere vorbei. Die erste Generation bewahrt treulich. Aber was geschieht, wenn keine Verwandten mehr da sind? Beneke blieb unverheiratet, wie sein Bruder, der Konsistorialrat. Niemals näherte er sich einem Weibe. Familien sterben aus, unwürdige Mitglieder verschleudern manches, Wasser und Feuer, Staub und Mäuse vertilgen den Rest. Goethe war als weitsichtiger Hausvater ein singulärer Fall. Um die Archive der Philosophie ist es schlechter bestellt. Darf ich Sie bitten, sich Ihrer Papiere zu versichern, für die Gesammelten Schriften, wie auch ich es seit einigen Jahren tue, der Bedeu-

tung staatlicher Archive gewiß? Nur dieser Brief nicht![137]

Den Casus Beneke muss ich mir heute einmal von der Seele schreiben. Wem sonst könnte ich es gestehen als dem ersten würdigen Nachfolger Trendelenburgs, der den Fall aus größter Nähe und eigener Anschauung seit der Szene im Hauptgebäude kennt? Verwundern Sie diese Zeilen, die so rücksichtslos Alter und Zustand der Augen mißachten? Ich fürchte keine falschen Zeugen, kenne Ihre tapfere Emilie, die getreue Kämpferin und Tochter des seligen Baur. Stark in Liebe und Haß wird sie auch diese Zeilen richtig zu lesen wissen. Einmal muß es gesagt sein, was mir auf der Seele liegt. Nehmen Sie es still mit ins Grab, das noch lange auf Sie warten möge, so Gott will, und hören Sie, was ich gestehen muß.

Ich studierte damals in Berlin, als Beneke in sein Schicksal ging, und beobachtete ihn, nach einer diskreten Bitte Trendelenburgs, wohl näher als Sie vermuteten. Damals wurde mir deutlich, wie sehr die Nornen unser Schicksal spinnen und daß auf schnelle Universitätscarriere kaum zu hoffen ist. Vorläufig wollte ich deshalb nur die zweitbeste Fahrt des Schuldienstes wagen. Gegen die Propheten der kommenden Wissenschaft, zu denen Beneke gehört, wählte ich den sicheren Weg historisch-kritischer Studien und philologischer Erziehung deutscher Jugend. Trendelenburg war mir gewogen, und er hat mir damals anvertraut, als ich ihm aus dem entvölkerten Hörsaal Benekes berichtete, wie die stürmische Fakultätssitzung

nach Gablers Hingang verlief und ein Stimmungsbild sammelte, das letztlich gegen Beneke entschied.
Trendelenburg berichtete schmerzlich verhalten und knapp angebunden, was in keinem Protokoll festzuhalten war, daß nämlich viele sich aus der Deckung trauten und für Beneke eintraten, späteren Ruhm verkündend. »Es wird ein untilgbarer Makel bleiben«, sprachen einige Naturwissenschaftler, »wenn die neue Psychologie nicht endlich ihre angestammte Stelle und Würde erhält! Spätere Generationen werden uns zur Rechenschaft ziehen!« So sprachen verehrte Forscher und Söhne unserer Universität, Trendelenburg bezeugte es sichtlich bewegt. Einer soll sogar gesagt haben: »Die Weltgeltung unserer königlichen Universität ist in Gefahr!« Trendelenburg gestand mir zu meiner höchsten Verwunderung und stillen Betroffenheit, er habe mit der Faust zur Ruhe ermahnen müssen. Es sei wie im März 1848 gewesen! Er habe zu letzten Mitteln gegriffen und sein Amt zur Verfügung gestellt, falls die Sache nicht unter den Tisch gekehrt werde. Seit seinem alten Streit mit Gabler um die Hegel'sche Philosophie habe er diese Situation befürchtet und sich gewappnet. Von Hegel habe er immerhin gelernt, daß die Philosophie im Konzert der Disziplinen als königliches Fach nur dann wahrhaft gilt, wenn ihr Anspruch auf absolutes Wissen und Wahrheit durch ein einziges Ordinariat besiegelt werde. Die Vorteile einer solchen billigen Lösung habe er auch im amtlichen Verkehr dem Ministe-

rium gegenüber immer wieder einzubringen und zu vertreten gewußt. Nicht zuletzt deshalb sei er eigentlich Dekan und Rektor geworden.
Es waren 1854 also höhere universitäre Gründe, die gegen eine Berufung Benekes auf die Nachfolge Gablers sprachen. Trendelenburg legte der Fakultät amtliche Schreiben vor, Worte Altensteins, die besagten: »Er gehört nicht zu uns!« Sie ahnen, lieber Freund, wie schwer es mir fällt, das rückhaltlos zu schreiben. Ich meinte damals in Trendelenburgs förmlichen Worten kollegialer Trauer um Benekes Hingang sogar einen leisen Ton der Erleichterung vernommen zu haben, den man versteht, wenn auch nicht billigt, verkörperte Beneke doch die Nachtseite der Universität, die es nicht geben darf. Trendelenburgs Ablehnung war sehr heftig. So wirkte er später darauf hin, daß die üppige Stiftung, die der Konsistorialrat Carl Gustav Beneke dem Gedächtnis der Philosophie seines Bruders widmete, in Berlin ausgeschlagen wurde und nach Göttingen ging. Die Auflage, in den alljährlichen Preisaufgaben die speculative Philosophie auszuschließen, hat die Göttinger Facultät inzwischen zweckwidrig dahin interpretiert, mathematisch-naturwissenschaftliche Aufgabestellungen zu bevorzugen. Ein klar bestimmter, eng definierter philosophischer Forschungspreis ist bei den knappen Ressourcen des Faches aber doch sehr zu begrüßen, und solange ein Hegel-Preis aussteht, darf es wohl auch eine Beneke-Stiftung sein.
Trendelenburgs damalige Haltung ist nicht die

unsere. Mehr noch als er[138] *glauben wir an Antinomien, Pluralität und Relativismus. Wir haben kollegiale Lösungen gesucht und gefunden, haben heute im vereinten Kaiserreich und blühender Universität aber leicht reden, waren wir doch niemals in der ebenso peinlichen wie tragischen Lage, einen Casus Beneke bestehen und im Streit zwischen dem Ansehen der Universität und dem Fortgang der Wissenschaft für die Institution optieren zu müssen, die jeden Fortgang allererst ermöglicht. Deshalb darf ich heute offen sprechen. Niemals wieder habe ich Trendelenburg so gesehen. Das Leben selbst offenbarte sich in letzten Tiefen und Abgründen.*

Hochverehrter Freund, Sie kennen die Gnosis-Studien Ihres verwandten Lehrers Baur. Sie wissen um die wahren urchristlichen Offenbarungen. Die Seele mag nicht belastet vor ihren Richter treten und ein ehrliches Geständnis will im Abschied gesprochen sein. Ich weiß um Ihre verschwiegene Haltung als wiedergeborener Sohn unserer klassischen Väter und des göttlichen Socrates.

Leben Sie recht wohl! Das sage ich in der vollen Gewißheit und Zuversicht, Sie bald wieder in Stuttgart zu sehen, da mich die Kantausgabe dienstlich nach Tübingen führen wird.

Mit den herzlichsten Grüßen an Ihre so treue und tüchtige Gattin

Ihr alter Gefährte und Freund der königlichen Universität

Wilhelm Dilthey

6. Benekes Erbe

Wer dem exemplarischen Erdenschicksal Friedrich Eduard Benekes methodisch nachsinnt, entdeckt immer neue und erregende Kapitel der Missachtung, Verleugnung und Vernichtung seines Andenkens. Aus der Wissenschaftsgeschichte wurde er seit Hegel, Trendelenburg und Dilthey systematisch ausgeschlossen und -gelöscht. Niemand erinnert ihn heute noch als Klassiker. Beachtliche editorische Versuche der Reaktualisierung sind schon vor 1989 in der BRD wie der DDR gescheitert. Eine verdienstliche Briefauswahl[139] verstaubte sogleich in den Antiquariaten und Archiven. Ein letzter Beneke-Forscher ging 1995 verschollen und wurde inzwischen amtlich für tot erklärt. An einer ostdeutschen Universität ereignete sich später noch, dass ein anderer Beneke-Adept bei der Präsentation seines Forschungsvorhabens im Institutskolloquium verstummte, als er den Abgrund zwischen der Neuen Psychologie und den Erwartungen des aktuellen Philosophiebetriebs realisierte. Er stieg wortlos vom Katheder und quittierte den Dienst.[140] Wen wundert es? Alles Unglück akademischer Karrieren inkorporierte sich in Friedrich Eduard Beneke. Nach dem Entzug seines Ehrengrabes durch den Berliner Senat dürften bald auch die letzten materiellen Reste seines Erdenlebens entsorgt werden.

Der freie philosophische Geist lebt von Voraussetzungen, die er selbst nicht garantieren kann. Deshalb analysierte Kant nicht nur die reine Vernunft, sondern auch die Bedingungen der Möglichkeit bürgerlicher Öffentlichkeit, forderte die Freiheit der Feder und vertraute darauf, dass die Macht der Vernunft sich als Recht durchsetzt. Beneke musste es dagegen erleben, dass der Zeitgeist seine grundlegenden Publikationen metaphysisch verblendet ignorierte und nach anderem verlangte. Er resignierte aber nicht, sondern kreierte bahnbrechend neue wirkungsgeschichtliche Strategien und Formen. So initiierte er die Umstellung des Hörergeldes von einem Input- auf ein Output-Modell, bei dem Hörer den leichtfertigen Einsatz ihrer Lebenszeit im Seminar- oder Vorlesungsbesuch positiv entlohnt bekamen. Dieses Modell ließe sich heute um des lebendigen Schulbetriebs willen verfeinern. So wäre eine gestufte Würdigung von Rede- und Präsentationsbeiträgen denkbar, die sich in einem differenzierten System von Kreditpunkten an der Dauer des Veranstaltungsbeitrags ausrichtet. Diese Vergütung wäre dann von der Leistungsbesoldung des Dozenten abzuziehen, der bei optimaler Seminarorganisation als Lernbegleiter ganz verstummte und lediglich einen existenzsichernden Basislohn erhielte. So weit ist Beneke nicht gegangen, mit der Umstellung auf ein positives Hörergeld, das Teilnahme honoriert, markierte er aber den ersten Schritt.

Sehr viel direkter wirkte die vom Konsistorialrat begründete Beneke-Stiftung, deren Potenziale freilich durch institutionellen Missbrauch nicht voll entfaltet wurden. Aus dem Umkreis Benekes hatte einst der getreue Heinrich Neugeboren Preisaufgaben zur Multiplikation von Benekes Philosophie annonciert. Er knüpfte damit an ältere Praktiken von Akademien und wissenschaftlichen Gesellschaften an. Die Berliner Akademie schrieb seit 1747 regelmäßig Preisaufgaben aus[141] und Göttingen folgte wenige Jahre später. Bis heute werden solche Preisaufgaben gestellt, die sich oft ausdrücklich nur an den akademischen Nachwuchs richten und als leistungsbezogene Ergänzung oder Alternative zum Stipendienwesen oder dem BAföG-System mehr Beachtung und Förderung verdienten. Der Konsistorialrat verfügte nun 1864 für sein Ableben testamentarisch in wahrhaft evangelischer Mission die Einrichtung einer Stiftung, die im Aprilheft 1870 der *Nachrichten von der Königl. Gesellschaft der Wissenschaften und der G. A. Universität zu Göttingen* näher beschrieben ist. Dort heißt es u. a.:

> Der am 30. Juli 1864 verstorbene Consistorialrath und Prediger Carl Gustav Beneke hat in seinem am 16. Juli 1864 errichteten Testamente die Stadt Berlin zum Erben eingesetzt unter der Bedingung, dass dieselbe das Grab des Erblassers und seines Bruders erhalte, die im Testamente bestimmten Legate auszahle, den Ueberschuss aber für eine Stiftung zur Förderung der Philosophie verwende.[142]

Explizit knüpfte die Stiftung jährlicher »Beneke'scher Preisaufgaben« an die einstige Praxis »zur Zeit des Bruders des Erblassers« an. In kluger Voraussicht einer eventuellen Zurückweisung der Erbschaft wurden alternativ auch Halle und Göttingen als frühere Wirkungsstätten für die »Mühwaltung«

vorgesehen. Der Magistrat der Stadt Berlin richtete in einem Schreiben vom 11. November 1865 dann tatsächlich »die Frage an die philosophische Facultät der Universität Göttingen, ob sie das Stellen der Aufgaben, die Beurtheilung der eingehenden Arbeiten und die Zuerkennung der Preise zu übernehmen bereit sei«. Die »speculative Philosophie« war dabei ausdrücklich von jeglicher Förderung ausgeschlossen.

In eingehender Analyse der Bedingungen kam die Göttinger Fakultät damals zu der wahren Ansicht, »daß ein Gebiet der Philosophie vorhanden sein muß, welches unter den Begriff der speculativen Philosophie nicht fällt«.[143] Dieses Gebiet wurde von der Fakultät jedoch sehr weitläufig interpretiert und auf nahezu alle Disziplinen der Wissenschaft ausgedehnt. Auch die »reine Mathematik« fiel ihr unter dieses Gebiet. »Sobald die Facultät der Ueberzeugung Raum geben konnte, daß ein sehr weites Gebiet für Preisaufgaben vorhanden sei, welches der Forderung der Begründung des Stifters entspricht, hielt sie es für ihre Pflicht, die in der Anfrage des Magistrats der Stadt Berlin enthaltene Aufforderung nicht zurückzuweisen.«[144]

In Verhandlungen mit dem Berliner Magistrat erörterte sie deshalb ihre Auffassung von der »die speculative Philosophie ausschließenden Bestimmung« und formulierte ein Stiftungsstatut, das von verschiedenen Instanzen bewilligt und als Regulativ fixiert wurde. Die Göttinger Fakultät verpflichtete sich, alljährlich Aufgaben zu stellen, »welche herkömmlich philosophische genannt werden und nicht in das Gebiet der speculativen Philosophie fallen«.[145] Der erste Preis war mit 500 Talern in Gold dotiert, der zweite immerhin noch auf 200. Der preußische Friedrich d'or wog über 6 Gramm Gold, was an reinem Materialwert aktuell (1. März 2022) etwa 300 Euro bringt. 500 Taler entsprachen demnach etwa 18000 Euro und liegen damit deutlich über dem heutigen Hegel-Preis. Die Zuteilung des Preises erfolgte in öffentlicher Fakultätssitzung. Die erste, am 2. April 1869 öffentlich gestellte Preisaufgabe betraf eine kritische Geschichte der allgemeinen Prinzipien der Mechanik. Kein Geringerer als Eugen Dühring erhielt den Preis für seine 1873 publizierte *Kritische Geschichte der allgemeinen Principien der Mechanik*. Die Fragen wurden satzungsgemäß bis weit in das 20. Jahrhundert hinein regelmäßig ausgeschrieben; in der Liste der Preisträger finden sich weitere berühmte Namen, sodass die Beneke-Stiftung Wissenschaftsgeschichte schrieb. Wohl kein anderer späterer Preisträger setzte aber solche philosophische Zeichen wie Dühring.

Dühring erhob seine denkwürdige Preisschrift zu einem Fanal des Beneke-Gedächtnisses, wie es kein zweites gibt. Auf dem Titelblatt stand bereits unübersehbar: *Von der philosophischen Facultät der Universität Göttingen mit dem ersten Preise der Beneke-Stiftung gekrönte Schrift*. Seitenlang führte Dühring dann im Vorwort die Bedingungen der Stiftung, das Begründungsschreiben der Fakultät zur Entscheidung vom 11. März 1872 sowie den universitätspolitischen Hintergrund auf, um den

»für die Stiftung entscheidenden Ausschluss der speculativen Philosophie verständlich zu machen«. Dühring legte dar, dass die Preisstiftung »in den Schicksalen des an der Berliner Universität in den philosophischen Fächern ein Menschenalter hindurch thätig gewesenen F. E. Beneke« ihre Veranlassung hatte, und er wusste 1872 bereits:

> Der Letztere [FEB] war als Docent im Jahre 1822 einer Verfolgung ausgesetzt gewesen, indem man ihn unter der nicht einmal zutreffenden Einreihung unter der Rubrik des Materialismus beehrt, und der damalige Berliner Hauptprofessor der Philosophie Hegel hat seine Entfernung von der Universität bei dem Minister Altenstein erwirkt. [...] Die sich hieran anschließende Gestaltung der Verhältnisse wirkte bei seiner auf die Universitätssphäre fixierte Anschauungsweise zuletzt so übel auf ihn ein, daß er 1854, also im 57. Lebensjahre, seine Laufbahn durch eigenen Entschluß endigte.[146]

Dühring beschloss sein Vorwort mit der stolzen These, dass seine *Kritische Geschichte der allgemeinen Principien der Mechanik* dem Stiftungszweck »in einem über den Anschein der Sache hinausreichenden Maaße« entsprach und es auch »an einem mehrfach ironischen Spiel und rächenden Humor nicht hat fehlen lassen«.[147] Die »wahre Speculation«, wie sie dem schöpferischen Denken eines Galilei eigen war, sei dadurch ebenso wenig betroffen wie die »im engeren Sinne philosophische Speculation in ihren echten und bleibenden Motiven«, die eine Polemik nicht berührt, die »eigentlich nur den nächstliegenden Caricaturen der Sache gegolten hat und gilt«. Dem ist in der Sache eigentlich wenig hinzuzufügen, außer die Bemerkung, dass Benekes Geschichte mit Dühring in einen tückischen Wiederholungszwang driftete, der dem Beneke-Gedächtnis eigentümlich blieb, wurde doch auch Dühring 1877 für seine Angriffe auf Helmholtz und das Universitätssystem seine Berliner Venia Legendi entzogen, die er 1863, kein halbes Jahrhundert nach Beneke, erlangt hatte. Fortan polemisierte er als Begründer einer »antiuniversitären Bewegung« in den Spuren von Schopenhauer und Beneke unentwegt gegen das Verfahren.

In der dritten Auflage seiner Beneke-Preisschrift weitete er seinen Kampf dabei auch auf die Göttinger Fakultät aus, die eine »Klaue prämiert« habe, »ohne den Löwen zu kennen«,[148] und der Berliner Fakultät im niederen Remotionsgeschäft sekundierte. Dühring konstruierte nun eine Proskriptionsliste von Schopenhauer und Beneke bis zum eigenen Schicksal. Deutlich sprach er aus, dass Benekes Arbeiten »den sehr untergeordneten gleichzeitiger ordentlicher Professoren, namentlich denen eines damaligen, jetzt längst verschollenen Berliner Hauptprofessors und spätern Tongebers der Facultät, namens Trendelenburg, gewaltig überlegen«[149] waren. Dühring thematisierte also auch den Berufungsskandal von 1854 und Trendelenburgs Verantwortlichkeit, wovon Gramzow später schwieg. Eine »antiuniversitäre Gerechtigkeit« fand er in der

Prämierung seiner kongenialen Schrift und spottete über das weitere Schicksal der Stiftung:

> Meistens sind gar keine Arbeiten eingegangen; ein paar Mal kam etwas, was nur einen zweiten Preis erhielt, weil es für den ersten nicht genügend war, und was sonst einmal zur Krönung gelangte, war bedeutungslos. Die weitern Früchte der Benekestiftung lieferten so gut wie nichts. Wenn hienach die Benekestiftung und die Thätigkeit der Göttinger an ihr eine Art Geschichte hat, so wird dieser Umstand wohl von jedem Kenner und unparteiischen Beurtheiler der Verhältnisse auf meine Arbeit zurückgeführt.[150]

In seinem autobiografischen Spätwerk *Sache, Leben und Feinde* schilderte Dühring seinen Remotionsprozess eingehend.[151] Die letzten Gründe seiner Verfolgung fand er dabei im eigenen Vorlesungserfolg, der mit den Kolleggeld- und »Cliqueninteressen« insbesondere der »Kathedersocialisten« konfligierte. Die Denunziation sei vom Nationalökonomen Adolph Wagner ausgegangen, aber auch Helmholtz, Virchow und Zeller agierten als Feinde.

Um solche Polemik zu entkräften, veröffentlichte die Berliner Fakultät 1877 einige *Aktenstücke in der Angelegenheit des Privatdocenten Dr. Dühring.*[152] Sie bestätigten allerdings auch, dass Dekan Zeller im Namen der Fakultät starke Worte gewählt hatte: Zeller schrieb, dass Dühring sich »einer Reihe von schweren Ehrenkränkungen und wahrheitswidrigen Bezüchtigungen schuldig gemacht« habe; das sei ein »unprovocirter Angriff auf die Ehre« eines Hochschullehrers und den »Frieden« der Hochschule gewesen; Helmholtz, der bald auch Simmels dilettantischen Dissertationsversuch über die »Anfänge der Musik« seiner »Methode oder Unmethode« und mangelnden Kenntnis der Physiologie der Sinne wegen ablehnen musste, legte im Verfahren dar, dass er, anders als Dühring behauptete, stets die Verdienste von Robert Mayer öffentlich anerkannt habe. Dühring, der streitbare Kämpfer für die »Wirklichkeitsphilosophie« des »Lebens«, entdeckte in seinen weiteren Schriften dennoch eine unheilige Allianz zwischen den berufenen »Handwerksgelehrten«, die heute fälschlich als »Mandarine« bezeichnet werden, der »jüdischen Socialdemokratie«[153] und der Presse und neigte immer mehr einer antisemitischen Generalerklärung zu. Dühring rutschte im Spätwerk vollends in ein heilloses und verwerfliches Ressentiment ab, vor dem sich alle Randgänger und Opfer der Universitätsphilosophie seit Schopenhauer und Beneke hüten sollten. Er wurde zu einem Vordenker und Begründer des modernen Rassismus, schuf, nach dem Urteil Peter Longerichs, »so etwas wie ein erstes Handbuch des Rassenantisemitismus«.[154]

Die seit Schopenhauer geläufige Disjunktion zwischen Universitätsphilosophen und »Originaldenkern« ist zwar wirklichkeitsfern, gibt es »freie Geister« doch nur in den Wolken, jeder Beruf prägt aber, zugegeben, seine spezifischen Pathologien und Ideologien aus. Insider wie Exkludierte stricken hier gleichermaßen an Legenden, wollen

Glück und Unglück doch beide berechtigt sein. So sehr man dem ersten Beneke-Preisträger für seine Erinnerung an den Stiftungszweck dankbar sein muss, so unbedingt ist seine deutsche Ideologie und Weltanschauungsliteratur abzulehnen. Friedrich Engels[155] kritisierte sie 1878 bereits in seinem *Anti-Dühring* als »vorlaute Pseudowissenschaft, die sich heutzutage überall in den Vordergrund drängt und alles übertönt mit ihrem dröhnenden, höhern Blech«. Der Wuppertaler Fabrikant hatte leicht reden; er verhöhnte den akademischen Proletarier, dem gerade die Venia Legendi entzogen worden war, und verkannte sein eigenes Ressentiment. Nietzsche[156] dagegen distanzierte sich in seiner *Genealogie der Moral* taktvoll vom »Berliner Rache-Apostel«. Wenn Dühring schon 1872 mit seiner Beneke-Identifikation also in die Bahn des Ressentiments und Antisemitismus driftete und noch vor Fritschs *Antisemiten-Katechismus* das erste strikt biologistische »Handbuch des Rassenantisemitismus« schuf, ist unser unglücklicher Erfahrungsseelenkundler gegen diese Vereinnahmung energisch zu verteidigen.

Der strategische Missbrauch der Beneke-Referenz für eine apologetische Opferlegende zeigte sich bereits in der Suizidthese, die Dühring mit seiner *Principien*-Schrift allzu leichtfertig in die Welt setzte. Zwar konnte er Gramzows spätere Darstellung noch nicht kennen; vielleicht hätte er aber 1872 noch die Gelegenheit gehabt, die originalen Prozessakten im Kammergericht einzusehen und sich ein eigenes Urteil zu bilden. Seine starke Beneke-Legende erforderte eigentlich eine solche Prüfung. Zwar ist Dührings diskrete Formulierung von der »Laufbahn« zu rühmen, die Beneke »durch eigenen Entschluß« beendet habe; diese Andeutung eines Suizids ist aber haltlos; sie entspricht weder den Grundsätzen von Benekes Philosophie noch den Fakten und der Deutung der Familie. Märtyrerlegenden gehören grundsätzlich nicht in die säkulare Wissenschaft. Wenn Dühring eine Beneke-Legende initiierte, die antiuniversitäres Ressentiment bediente, ist das lautere Leben und Werk des Verstorbenen dagegen zu verwahren. Eduard Beneke steht nur für sich. Sein Schicksal eignet sich nicht zur Legendenbildung und fahrlässigen Konstruktion einer anderen Universitätsgeschichte, die diverse Außenseiter in die Opferregistratur einer Beneke-Nachfolge hineinschreibt. Von Beneke führt kein Weg über Dühring in die neuere deutsche Ideologie. Sein systematisches Vermächtnis bleibt die neue philosophische Psychologie und Erfahrungsseelenkunde.

Heute wäre vor allem nach dem institutionellen Schicksal der Stiftung zu fragen. Von den vielfältigen historischen Fragen, die sich hier stellen, können zur ersten Sondierung des Forschungsfeldes nur einige kurz angesprochen werden:

1. Zunächst wäre zu klären, weshalb Berlin die üppige Stiftung eigentlich ausschlug. Ohne Rücksprache mit der Universität wird die Stadtverwaltung das schwerlich getan haben. Wenn die Berliner Universität aber kein positives Interesse zeigte, muss nach den verantwortlichen Akteuren gefragt

werden. Das fällt erneut auf Trendelenburg und die Fakultät zurück.

2. Da die erste Verfügung des Erbes die Sicherung von Benekes Grab auf dem Kreuzberger Dreifaltigkeitsfriedhof betraf,[157] wäre nach den Detailregelungen zu fragen. Da die Göttinger Fakultät ihren Pflichten zur alljährlichen Ausschreibung des Preises nachkam, ist von einem beträchtlichen Stiftungsvermögen auszugehen. Wie konnte es dann aber zum Fehlen eines Grabsteins, dem Verlust der Grabinschrift und Entzug des Ehrengrabes kommen?

3. Benekes entschiedene Ablehnung der spekulativen Philosophie war stets bekannt. Die interdisziplinäre Auslegung der Preisfragen durch die Göttinger Fakultät widersprach aber offenbar dem Stiftungszweck und harrt der juristischen Aufarbeitung. Dass mit Felix Klein, beispielsweise, ein in Düsseldorf geborener Mathematiker 1892 den Preis erhielt, der 1875 mit Anna Hegel eine echte Enkelin des spekulativen Philosophen geheiratet hatte, ist als Missgriff zu kritisieren. Es hätte nicht geschehen dürfen.

4. Auch wenn Göttingens Aktivitäten dennoch zweifellos beachtlich waren und nicht vorschnell von krassem Missbrauch gesprochen werden sollte, bleibt zu fragen, ob die Fakultät die Stiftung über die Jahrzehnte gewissenhaft verwaltete. Der aktuelle Zustand der deutschen Universitätsphilosophie deutet nicht darauf hin. Nach 150 Jahren ist deshalb endlich ein ordentlicher Rechenschaftsbericht einzufordern und notfalls einzuklagen, um

den naheliegenden Verdacht auszuschließen, dass das Stiftungsvermögen im Laufe des 20. Jahrhunderts in der einen oder anderen Weise verfehlt, verspielt und verschleudert wurde.

5. Zahlreiche Akten zur Geschichte der Beneke-Stiftung sind im Göttinger Universitätsarchiv erhalten. Die letzte bekannte Ausschreibung einer Preisfrage erfolgte 1935. Die Stiftung war also über 70 Jahre aktiv, länger als die dem Verewigten gegebene Lebensspanne. Die Geschichte der Beneke-Stiftung muss noch geschrieben werden.

6. Offenbar überlebte die 1865 begründete Stiftung das Kaiserreich, Krieg und Inflation und wurde dann im Nationalsozialismus kassiert und liquidiert. Es ist selbstverständlich, dass sich damit Restitutionsfragen stellen. Die deutsche Universitätsphilosophie muss diese Aufgabe ergreifen und die Wiederbegründung der Beneke-Stiftung organisieren.

Wenn es dafür auch strategisch sinnvoll sein mag, mit dem Schicksal der Stiftung im Nationalsozialismus zu argumentieren, sollte doch unmissverständlich festgehalten werden, dass die Wiederbegründung vor allem sachlich gefordert ist. Dem Erfahrungsseelenkundler ist Unrecht geschehen, er wurde um seine verdiente Karriere gebracht. Beneke steht für viele unglückliche Opfer der Universitätsgeschichte. Alles wäre aber bereits am Start verspielt, wenn die deutsche Universitätsphilosophie nicht endlich realisierte, dass die Wiederbegründung des Benekepreises um der Entwicklung des Faches willen notwendig ist, das schon lange stagniert, seitdem es auf den Pfad des deutschen Idealismus und des angelsächsischen Gegenschlages »analytischer Philosophie« geriet.

Die Beneke-Stiftung sollte es ermöglichen, künftigen Generationen das Studium der Neuen Psychologie und Philosophie durch Editionen und Übersetzungen zu erleichtern. Beneke ist in der Nachfolge von Karl Philipp Moritz der Begründer einer introspektiv verstehenden Psychologie, die über Dilthey und Husserl in die neuere Phänomenologie wirkte. Diese Philosophie steht für die Ich-Perspektive der Philosophie überhaupt: Philosophen bekennen aus der Teilnehmerperspektive. Wo die Ich-Philosophie von Fichte bis Sartre in einen spekulativen Egozentrismus abdriftet, inaugurierte Beneke mit seiner Erfahrungsseelenkunde einen tragenden Zugang zur Individualität. Eine verlässliche Beneke-Gesamtausgabe wäre deshalb ein notwendiger erster Schritt konstruktiver Refundamentierung des philosophischen Projekts der Moderne. Die Göttinger Akademie der Wissenschaften ist hier in vorderster Front in der Pflicht. Denkbar wäre aber auch eine Kooperation zwischen Berlin und Göttingen, die überdies bessere Chancen böte, Benekes Philosophie in gouvernementale Kreise zu tragen. Eine solche Gesamtausgabe müsste freilich einen anderen Standard erfüllen als die vom Verein des verewigten Hegel einst herausgegebene, um von Heidegger zu schweigen.

7. Letzte Fragen zu Benekes Erbe betreffen die Universitätsverfassung.[158] Dabei kann es nicht

darum gehen, Dührings Opferlegende fortzuschreiben und Ressentiments in die Wissenschaft zu bringen. Transzendental wäre vielmehr zu fragen: Wie war Beneke möglich? Welche Pfade und Fehlstellungen bedingten sein Scheitern? Solche Fragen nach universitären Selektionskriterien und Karrierewegen werden seit Jahrzehnten meist mit billiger Kritik am Humboldt-Modell beantwortet. Die »Studentenbewegung« der späten 1960er Jahre konzentrierte ihre Revolutionsziele hier auf die Pfründe der »Ordinarienuniversität«, die sie stürmen wollte, um sich die Habilitation zu ersparen und im Mittelbau bereits den verpönten Beamtenstatus zu erlangen. Der Zwischenschritt und Status des Privatdozenten sollte verschwinden. Der Privatdozent ist aber eigentlich der letzte freie Mensch. Er hat Rechte ohne Pflichten. Das widerspricht dem ökonomisierten Zeitgeist. Rechte werden heute überhaupt abgeschafft und durch algorithmische Codes und Zwänge ersetzt. Beneke war kein Opfer. Im Rahmen seiner Möglichkeiten lebte er seinen Traum. Es ist wenig Hoffnung, dass die Öffentlichkeit das versteht. Letzte Freunde der Überlieferung sollten deshalb ihren verlorenen Posten schonen und einer verwirrten Öffentlichkeit in vorsichtigen Andeutungen nur die Worte Montaignes entgegenhalten, die der große Erfahrungsseelenkundler einst in Weimar am 28. September 1830 als Stimme eines Größeren vernahm: »Ich lehre nicht, ich erzähle.«

7. Arena und Laboratorium. Das Kolloquium der Neuen Wissenschaft der Politik

Zusammen mit der Beneke-Stiftung wurden auch die letzten Hoffnungen auf eine Wiedergeburt philosophischer Psychologie und Erfahrungsseelenkunde durch den Nationalsozialismus liquidiert. Die Psychologie emanzipierte sich von ihrer alten Zugehörigkeit zur Philosophie und wechselte in eine experimentelle Beobachterperspektive über. Das Elend der Privatdozenten freilich blieb, und es zeigte sich immer wieder in den prekären Karrieren vagabundierender Philosophen und Abenteurer der Philosophischen Fakultät. Die hohen Verheißungen der alteuropäischen Universität jagen seit Jahrhunderten immer mehr Hasadeure und Exzentriker des Daseins in schier endlose Qualifikationswege und Karriereschleifen. Während sich mancher solide Zeitgenosse, wie schon Kant sah, dem Weg der Bildung verweigert, treiben die hochgemuten Wortführer des Grund- und Hauptstudiums, der Staatsexamina und Magisterprüfungen, der Promotionen, des Postdoc- oder Doppelstudiums und der ungezählten Anträge und Stipendienbemühungen dann früher oder später mehr oder weniger alternativ- und rettungslos Richtung Landwehrkanal, dorthin, wo einer der ganz Großen, Beneke, einst im eisigen März 1854 den bitteren Schlussstrich zog, wenn er nicht von niederer Kanaille beraubt und erledigt wurde.

Schon Hegel, sein Erzfeind und Mörder im höheren Verstand, zeigte am klassischen Fall des Untergangs Roms, der der Berliner Politikwissenschaft später erneut zum Muster wurde, wie sich der Mensch in die höheren Einbildungen von Religion und Philosophie flüchtet. So heißt es in den *Vorlesungen über die Philosophie der Geschichte*: »Die römische Welt, wie sie beschrieben worden, in ihrer Ratlosigkeit und in dem Schmerz des von Gott Verlassenseins, hat den Bruch mit der Wirklichkeit und die gemeinsame Sehnsucht nach einer Befriedigung, die nur im Geiste innerlich erreicht werden kann, hervorgetrieben und den Boden für eine höhere geistige Welt bereitet.«[159] Und in den *Vorlesungen über die Geschichte der Philosophie* steht: »In dem Unglück der römischen Welt ist alles Schöne, Edle der geistigen Individualität mit kalter, rauer Hand verwischt worden. Und in dieser Welt der Abstraktion hat das Individuum in seinem Innern auf abstrakte Weise die Befriedigung suchen müssen, die die Wirklichkeit ihm nicht gab; es hat zur Abstraktion fliehen müssen als Gedanke, zu dieser Abstraktion als existierendes Subjekt, d. h. zu dieser inneren Freiheit des Subjekts als solchen.«[160] Solche Sätze, die Hegel nicht auf die »germanische« Welt anwenden wollte, bezeichneten die Lage einstiger DDR-Intellektueller, die im sowjetischen Imperium aufgewachsen waren, genauer als eine kafkaeske Dämonisierung der »verwalteten Welt«, wie sie die spekulative Kritische Theorie in Frankfurt gepflegt hatte. Adorno abstrahierte von den personalen Akteuren, um die strukturellen Verhältnisse zu treffen. Der subjektive Faktor aber ist irreduzibel, das wusste Hegel, und es gibt auch in der Wissenschaft, die ein Produktivfaktor der Geschichte ist, welthistorische Heroen.

So ging ein epochales Signal Anfang der 1990er-Jahre mit dem Neustart der Universität[161] von der glücklichen Fügung aus, dass der größte lebende Kenner des Untergangs der Imperien, namentlich des römischen und des nationalsozialistischen Reiches, in der Blüte seiner Jugend die welthistorische Stätte betrat: Jahre vor seiner Typisierung alternativer Modelle politischer Ordnung und der Sondierung der Logik der Weltherrschaft, lange bevor er einem allzu gefügigen, schlicht hingerissenen Publikum von neuen Kriegen erzählte und dem Ingenium seines Geistes Asymmetrien der Kräfte ablas, lange vor seiner Entzauberung der fatalen Ironien der deutschen Mythologie, kurz: zu dem fast unschuldigen Zeitpunkt, als sein ebenso kolossales wie abgründiges Werk erst wenige tausend Seiten umspannte und die Schwelle zum fünfstelligen Umfang noch nicht genommen hatte.

Zu diesem Zeitpunkt gelang es der hohen Berliner Bürokratie, der königlich-preußischen Einsicht verpflichtet, dass der Staat durch geistige Kräfte ersetzen muss, was ansonsten fehlt, den berufungspolitischen Coup zu landen, der in anderen Rektoraten blankes Entsetzen auslöste, wechselte hier doch eine Avantgarde des Weltgeistes wider alle ökonomische Vernunft aus lauterer republikanischer Tugend dorthin, wo die Nation geostrategischer Planung dringend bedurfte. Man muss es als eine List der Vernunft betrachten, dass dieser Erbe des großen Florentiners, der neue Fürst der Feder, sein schlichtes Büro an die Spree verlegte und sein Bett in Tegel baute. Die ersten Jahre seiner segensreichen Wirksamkeit, die bald die Lehrkanzeln der Republik mit getreuen Schülerinnen und Schülern bevölkerte, verbrachte er dabei von Amts wegen in der Ziegelstraße, einem architektonischen Prunkbau der untergegangenen DDR, der an der Gabelung der Museumsinsel freien Blick über die Spree eröffnete. Es war ein Plattenbau-Karree mit idyllischem Innenhof, der Zwickauer Produktion Windschutz bot und dessen solide Bauweise den ständigen Erschütterungen hartnäckig standhielt, die von der benachbarten U-Bahn herkamen.

Schlug man damals vom Epizentrum dieses Gebäudes, dem Büro des Odysseus aus mit dem Lineal ein stumpfes gleichschenkliges Dreieck nach Ost und West, so konstituierte der Schreibtisch die Mitte der Macht, zwischen dem versiegelten Palast der Republik und dem Wallot-Reichstag, der bald aus seinen Ruinen und seiner Verhüllung auferstehen sollte, was der DDR wider hymnischer Beschwörung einst nicht gelungen war. Manchmal überließ sich der junge Odysseus deshalb auch mathematischen Übungen und Spekulationen, wie sie frühneuzeitliche Kabbalisten in einer letzten Empörung über die kopernikanische Wende der Welt metaphysisch überspannten. Grundsätzlich aber verschrieb er sich der neuen politischen Wissenschaft, die Hobbes anthropologisch begründet und Hegel in die neuere Verfassungstheorie übersetzt hatte.

Wo Hegel sich aber einst offen als »absoluter Geist« begriff, da gebot es die Camouflage des neuen Odysseus, sein Arkanwissen für sich zu bewahren und nicht allzu vollmundig von der wahren Staatsraison und Macht in der Mitte zu sprechen, die in die niedrigen Räume und das verbogene Mobiliar der Ziegelstraße einzog, das unlängst noch andere Herren mit festeren Ansichten und höherem Tabakkonsum beherbergt hatte. Solche Einsichten verschob er als präsenter Geist im Dreieck der Macht auf die neuen Deutschen, die bald wenige hundert Meter flussab in verschachtelten Hochglanz-Kästen auf Zeit hausen sollten. Es gibt noch Sternstunden der Menschheit, republikanische Tugend und Gemeinwohl! Wir alle dürfen uns glücklich preisen, dass O. den falschen Sirenen und schnödem Mammon entsagte und kein Frankfurter minderer Begabung die Stelle erhielt, um die Kapitale in leerlaufenden Diskursen zu verblenden. Der neue Odysseus besetzte das Fach sogleich mit erstaunlichem Geschick, großer Organisationskraft und väterlicher, im besten Sinne patriarchischer Fürsorge. So erreichte die Kraft seines Rufes bald auch die Philosophen im Hauptgebäude, die ihr Ansehen am Umfang ihrer Zentralräume bemaßen und nicht verstanden, dass der Aufstieg und Untergang der Reiche von den weichen Grenzen und Ausscheidungsschlachten der Peripherie her droht.

Auch ein Postdoc der DDR-Philosophie namens R., Rolf oder Rainer, Held einer philosophischen Novelle, hatte den Ruf des Odysseus vernommen und mit der unbestimmten Hoffnung verbunden, hier vielleicht Förderung und Anregung, symphilosophisches Gespräch zu finden, das bei den Philosophen, die jeder für sich auf ihrer Wahrheit bestehen, schlechthin nirgends zu finden war. Die Wende hatte seine alte Sektion hinweggefegt und der neue Geist war ihm fremd geblieben. Es erschien ihm nicht erstrebenswert, die alte politische Ökonomie und Kapitalismuskritik durch ein postmetaphysisches Denken zu ersetzen, das die Argumente rein für sich nahm, sezierte und dekonstruierte. Verzagte Versuche waren gescheitert, bei einigen Wendegewinnern, den Neuankömmlingen aus dem Westen, für sein Projekt einer Besiegten-Historie und alternativen Geschichte der Berliner Universitätsphilosophie etwas aufmunternde Resonanz zu bekommen. Einzelne rivalisierende Mittelbauer erklärten ihm vielmehr im blasierten Jackett mit stolzer, höhnischer Stimme, dass es historischer Argumente und Forschungen gar nicht bedürfe, man vielmehr die ganze Philosophiegeschichte, selbst die jüngsten Klassiker, zu denen fraglos die eigenen Vorgesetzten gehörten, samt und sonders die Spree oder näher gelegene Örtlichkeiten herunterspülen solle. Vernunft und Geschichte seien gleichermaßen sinnlos, einzig zähle das reine Argument, wie es im eigenen Kopfe inkarniert sei.

Von der DDR verlassen und in der Bundesrepublik nicht angekommen, begab R. sich deshalb in transzendentaler Obdachlosigkeit in die Ziegelstraße, dem Ruf des neuen Odysseus folgend. Der hatte in wenigen Wochen und Monaten bereits seine weiten Antennen ausgefahren und seinen Magnetismus gezündet, versprengte Überlebende der untergegangenen DDR mit bezwingender Fürsorglichkeit geworben und zu allem Überfluss auch in westlichen Gefilden, in Laboratorien der Revolution wie der Gegenrevolution, der Anarchie und Ordnung, begabte Kandidaten und akademische Abenteurer gefischt.

Üblicherweise gleichen Kolloquiumsteilnehmer einer militärischen Truppe. Sie passen sich uniform an und tragen Minimaldistinktionen in kalten Kriegen aus, die jenseits des Raumes niemand versteht. Jahrelang gehen sie im Gleichschritt durch die Veranstaltungen und folgen den Themen des verehrten, gefürchteten und leise verachteten Lehrers. Wie anders stiftete es dagegen der neue Odysseus! Aus allen Richtungen heuerte er seine Crew, West wie Ost, Humboldt-Veteranen und Prenzlauerberg-Szene, Rostlaube, Dahlemer Zirkel und Frankfurter Klientel. Es war eine gegliederte Truppe in gestuften Rängen, aus akademischen Vagabunden, Leichtmatrosen und den wenigen besoldeten Offizieren gefügt, die dazu bestimmt waren, Patente zu erwerben und eines fernen Tages eigene Schiffe zu führen. Einige waren von den akademischen Kämpfen bereits ermüdet, lädiert und abgetakelt, mancher saß seinen knapp befristeten Überleitungsvertrag nur noch ab und ging dann leise über Bord. Da sorgte ein Schwingungstheoretiker für frischen Wind, Humboldt-Urgestein, das einst, so wurde geraunt, den Marxismus in einer Weise durchlüftet hatte, dass Ausschluss und Versetzung drohten; dort saßen strebsame Kenner des linken Kanons, die im Regal der Bibliothek nun neben die Reihe griffen, um alte Meister zu renovieren, den Konjunkturen des Wendewinds ausgesetzt, der Anfang der 1990er-Jahre bereits statt des Endes der Geschichte neue Krisen und Themen heranspülte, die zur Qualifizierungsarbeit taugten. Der eine machte in Luhmann, die andere in Montesquieu. Bunt war die Welt, durchwachsen die Mode, marode das Gestühl.

Gut zwanzig Talente und Hoffnungen waren es wohl, die sich Woche für Woche im Kantinenflair des Plattenbaus einfanden, verhalten beobachtend, wer da kam, sprach und etwas zu sagen hatte. Kundige Soziologen vermochten Habitus und Kleidung zu lesen. Kreuzberg und Prenzlauerberg, Sektion und Szene, Zionskirche und Rostlaube verrieten sich an unvordenklichen Zeichen. Ein Mitarbeiter aus dem innersten Zirkel zeigte seinen Rang durch sein schwarzes Jackett und gravitätisches Benehmen vor. Eine vampige Teilnehmerin trat apart gekleidet, rot und bleich geschminkt, stets verspätet wie Madame Chauchat, in die Mitte des Raumes, um wie sediert nach einem Platz zu suchen, zu versinken und plötzlich, berlinernd, in längere Ausführungen auszubrechen. Ein smarter Ossi setzte mit diplomatischem Takt zu vermittelnden Bemerkungen an, die Brücken zwischen den divers im Raume versammelten Kulturen einer neuen Wissenschaft der Politik schlugen. Einer klärte alle Fragen mit Sankt Niklas, ein anderer hob zu ziemlich witzigen und sehr aggressiven Schlägen an. Dann griff Odysseus in seinen Bart, rieb und knetete seine Hände, verdrehte den Kopf und warf seine Blicke in die Richtung der allzu niedrigen, mit schäbigster Raufaser tapezierten Gebäudedecke, mit einer Kunstpause höheren Beistand erheischend, um seine Verbalinspiration zu empfangen, die sich dann druckreif in Zungenreden aus einem unerschöpflichen Fundus von Kreativität und Gelehrsamkeit über die Anwesenden ergoss. Mühelos spannte er den Bogen und prüfte die Sehne, die die Ziegelstraße wie die Stimme der Schwalbe durchtönte. Aufmunternd sagte er dann: »Freunde, nun ist es an Euch, die Speere zu werfen.« Die Asymmetrie von Pfeil und Speer deutete er dabei nur leise an.

R. war beeindruckt und bat um einen Termin, um sein Projekt im Kolloquium vorzustellen. Lässig ging Odysseus darauf ein. R. kannte manche Teilnehmer seit DDR-Tagen. Mit einer hatte er im Studienjahr zusammengesessen, mit einem anderen in der Sektion über Feuerbach gestritten. Im Wintersemester 1993/94 stellte er sein Thema vor. Sein sperriges »Paper« mühte sich eingangs mit weitläufigen Reminiszenzen zur Philosophiegeschichtsschreibung ab; ein zweiter Teil bestand dann aus einem exegetischen Kompilat einschlägiger Heine-Stellen, für das R. einige Teilnehmer gerüstet wusste. Als Nachbar, Zaungast und Überläufer gehörte er zu den flüchtigen Matrosen, die für die Offiziere keine Bedrohung darstellten. Die Arena der neuen Wissenschaft schenkte ihm aber auch nichts, Ehrensache. Es gab kein Heimspiel und keinen Kredit, ganz ohne Blessuren kam keiner durch.

O. vertrat eine ebenso liberale wie agonale Auffassung vom akademischen Geschäft und bekannte sich zum machtanalytischen Realismus. Sein Kolloquium positionierte und selektierte. Wer in die

Arena trat, musste hochseetauglich sein. Dazu brachte er meist nicht nur den Frankfurter Kanon oder die Kirchenväter des Sozialismus mit, sondern trieb sich auch in entlegenen Gefilden und Rüstkammern der Ideengeschichte herum. Für einen Teilnehmer endete der Kanon lesbarer Bücher vor der Gutenberg-Galaxis; er lebte vom Staub schweinslederner Folianten. In solchen Kreisen war ein Neuankömmling nicht ohne peinliche Initiation willkommen. So durfte R. nicht pikiert und verwundert sein, dass sein methodologischer Einleitungsteil kühl und knapp an die andere Fakultät zurückverwiesen wurde. Mit Heine kam er besser durch. Der smarte Vermittler fand nette Worte, um seinerseits mit erlesenen Zitaten zu glänzen, an die R. nicht gedacht hatte. Andere Wortmeldungen streuten weitere Perlen der Heine-Zeit aus. Ein gestandener Zocker, ein Historiker, der später in der Eidgenossenschaft landete und harte Währung an die Spree schleppte, verwies für die Konversionsfrage packend auf Johann Sigismunds Wechsel zum Calvinismus im Jahre 1613, ohne den die preußische Geschichte der Assimilierung schlechthin nicht zu begreifen sei. Ein anderer wartete mit medizinhistorischen Details zur Matratzengruft auf und extemporierte über die Parasitologie im Nationalsozialismus, um Heines ingeniöser Vision von den »bewaffneten Fichteanern«,[162] die einst kommen werden, die Tragödien der Französischen Revolution zu überbieten, erregende Aktualitäten abzugewinnen. Man war dankbar, dass der leichtgewichtige Heine-Teil so Substanz bekam.

Es bewies das Niveau der Versammlung, dass sie sich nicht in die Geistesgeschichte verlor, wie sie mit Meinecke,[163] so lehrte Odysseus, das Endstadium antiquarischer Verwesung erlangt hatte, sondern bald zu den Sachfragen übergingen und das heikle Thema der institutionellen Voraussetzungen und Machtverhältnisse im universitären Diskurs als produktiven Keim – »Glutkern«, wie ein als Walter Benjamin verkleideter Taubes-Adept sagte – von R.s Vortrag erfassten. Schnell wurde man sich einig, dass Diskurse nicht in philosophischer Egozentrik als rationales Argument und »absoluter Geist«, sondern aus der Beobachterperspektive nur als politische Ideengeschichte aufzufassen und zu historisieren seien. Souverän fasste man die Fragen als akademisches Thema auf, ohne Betroffenheiten zu signalisieren.

Dabei hatte die Arena durchaus vernommen, dass R. von Verwerfungen zwischen Ost und West sprach. Es gab deshalb auch einen subkutanen Erregungspegel. Für einen Moment fiel ein einzelner, in dunklen Tagen verletzter Teilnehmer aus der Rolle und prangerte die einstige Präsenz der Partei mit gesteigertem Tonfall an; ein Reformsozialist aus der Rostlaube, der als exzellenter Kenner spätwilhelminischer Religionswissenschaft galt und dessen lange angekündigte Dissertation von zwei oder drei Gnosisexperten weltweit erwartet wurde, widersprach sogleich mit einer starken Konvergenzthese zum Systemvergleich, der endlich mit Max Weber, wie er sich ausdrückte, »flottgemacht« und auf Stand gebracht werden müsse; mit feiner

Volte gegen Habermas betonte er die Grenzen der Wissenschaftsfreiheit auch im Verfassungsstaat. »Eigentlich hat sich nichts verändert!«, erklärte er: »Die ökonomischen Zwänge ließen es nicht zu. Die Systemkonkurrenz hat die DDR korrumpiert, dogmatisiert und verkrustet. Spätrömische Verhältnisse, Spengler lässt grüßen!« Da schritt Odysseus ein und entwickelte in faszinierenden Durchblicken verschiedene Varianten und Auslegungspfade des Naturzustandstheorems bis auf Hobbes, wobei er antike Autoren im Originalton zitierte. Abschließend, es mochten fünf Minuten vergangen sein, die im Fluge vergingen, ziselierte er die anthropologische Aufgabe, das agonale Denken in den Tugenddiskurs zu heben. Odysseus sei der erste postheroische Held gewesen, der nicht die Schlacht, sondern den Krieg gewinnen wollte.

Der neue Odysseus hielt plötzlich inne, blickte zur Decke auf und sprach dann von einem anderen Frankfurter Feuerkopf, Juristen und Hofkünstler, der einst die Farce *Götter, Helden und Wieland* hingehauen hatte, um einem Prinzenerzieher die Rede von Tugend zu verbieten. »Man muss ein Gott sein, von Tugend zu reden!«, sagte O.[164] Das sei eine herkulische Aufgabe. Die neuere Literatur verpasse ihr dagegen den Hausvatertod, sie werde die christliche Sittenlehre einfach nicht los!

R. war erschüttert, erstaunt und bewegt. Für einen Moment verlor er den Boden und die Courage. Seine deplatzierte Hoffnung, dass die Arena zur Stunde der wahren Empfindung und Aussprache würde, in der Teilnehmer die Fragwürdigkeiten ihrer Wege beichteten, entlarvte sich als Naivität und die akademischen Herausforderungen zeigten sich in einem derart verhangenen Licht, dass R. sein Paper im nächsten Anflug sogleich der sprichwörtlichen Papiertonne dedizierte. Was hatte er erwartet? Stasi-Bekenntnisse, antibürgerlichen Selbsthass? Niemand outete sich als Wendegewinner, keiner als Kaderschüler oder Nomenklaturakid. R. hatte ein akademisches Projekt vorgestellt, das noch unausgereift war, nicht unsympathisch, aber gerade nur so passabel für einen Neuankömmling.

Es gab dennoch ein leidlich geselliges Bedürfnis nach persönlichem Gespräch, das bald in die Kneipe verlagert wurde. Man schlenderte aus der Ziegelstraße heraus in Richtung Oranienburger und kehrte mit zwei Handvoll Teilnehmern, die sich zum inneren Kreis zählten, ins *Orange* ein, eines der ersten Restaurants, das bald nach Mauerfall eröffnet wurde, lange durchhielt und heute als letztes Relikt der Nachwendezeit verschwunden ist. O. kam mit und setzte sich neben R. Er pflegte ein fraternisierendes Arbeits-Du. »Arbeite das aus!«, sagte er. »Du musst es natürlich systematisieren und in Fallstudien ansetzen. Auch das Ressentiment ist historisch. Schau mal in die frühneuzeitliche Affektenlehre. Die Gegenwart klammerst du aus. Man darf nicht den Eindruck gewinnen, dass du persönliche Rechnungen austrägst. Worüber hast du eigentlich promoviert? Bei den Philosophen bist du mit deinem Thema falsch. Die lassen sich ihre Geschäftsgrundlage nicht nehmen. Schon gar nicht von einem Ossi, der sein halbes Leben mit Marx verbracht hat.«

R. war vom Vortrag ermüdet und irritiert. Er wusste nicht, wie er die Anregungen verarbeiten und seinen Grenzgang zwischen den Fächern platzieren sollte. Sollte er sich umorientieren? Umsatteln und auf O. hoffen? Er fühlte sich zu ermattet und schwach, das schwierige Gespräch weiter zu wagen, empfand die enormen Asymmetrien im akademischen Rüstzeug und Niveau und wollte den Eindruck des Vortrags nicht durch ungeschicktes Geplauder schwächen. Zu ungewiss war ihm, was O. wirklich dachte und ob seine freundlichen Worte belastbar waren. Bei nächster Gelegenheit wechselte er den Platz und warf sich in eine Fachsimpelei über Heine. Bald zahlte er dann, als die schwingungstheoretischen Kommentare verstummten und der Luhmannianer einige grundsätzliche Probleme des Vortrags in binäre Unterscheidungen aufhob.

Gut zwei Jahrzehnte später, im heißen Herbst 2015, als Merkel sich der Wendezeit erinnerte und die Grenzen öffnete, war M., ein einstiger Kollege von R., zu einer rasch improvisierten Tagung nach Berlin eingeladen,[165] die die cleveren Schüler der Neuen Wissenschaft der Politik unter dem Label »Willkommenskultur der Flüchtlingskrise« veranstalteten. M. wollte schöngeistig über Goethes Flüchtlingsdichtungen sprechen. Damals fand er eine Urlaubspostkarte von R., einen Feriengruß vom Darß, in einem seiner Odysseus-Bücher eingelegt wieder. »Kolloquium war okay«, hatte R. 1994 geschrieben. »Weiß nicht, was ich da will. Die Ostsee ist zu klein für Odysseus.« O. hatte vorgeschlagen, in die Politikwissenschaft zu wechseln. Ideengeschichte sei in der neueren Philosophie passé. Natürlich werde er dort nicht berufen. Vielleicht ergäben sich aber demnächst Aussichten auf einen Editionsjob in der Akademie. Bei der Feuerbach-Ausgabe vielleicht. Er solle jedenfalls eine Projektskizze einreichen, die die Besiegtenhistorie gegen Koselleck konturiert. Das Heroisierungspotential sakrifizieller Tugendauslegung dürfe in Gottes Namen nicht an das Viktime[166] verschenkt werden. Die Epoche des Existentialismus sei schließlich vorbei!

M.s Erinnerungen strichen den Regalmeter Bücher entlang, den O. geschrieben und M. gelesen hatte. Er ärgerte sich darüber, dass O. seit einigen Jahren Konzessionen an die Publikumsverlage machte und seinen machtanalytischen Realismus nicht konsequent gegen die Ära Merkel richtete. O. beschwor Mitte und Maß, verdammte das postheroische, defaitistische Abstiegsnarrativ, das die neue Bundesrepublik klein- und schlechtredete, und bejahte Marx' Abschied vom Revolutionsmythos und Übergang in die Beobachterperspektive. Wie hätte der verschollene Kollege mit dem Habilitationsprojekt einer Besiegtenhistorie bei Odysseus landen sollen? M. dachte an Benekes Jubeldenkschrift[167] und Rückruf zu Kant. So erinnert man Klassiker! Gehörte O. dazu? War er der Klassiker der Neuen Wissenschaft der Politik? M. blätterte im Merkel-Lob und begab sich dann mit O.s früher Machiavelli-Monografie auf seine verschossene Chaiselongue. Die passte besser auch zur folgenden Zeitenwende von Corona und Putins Krieg.

8. Lücken im Kalender. Zur Ausrufung eines Beneke-Jahres

Die Weltgeschichte ist bei aller Ironie bislang noch nicht auf den rettenden Gedanken verfallen, ein Beneke-Gedenkjahr auszurufen. Als Bezugsdaten böten sich die Jahre 1798, 1820, 1822, 1854 oder 1856 an: neben dem Geburts- und Sterbejahr also die Daten der Habilitation, Remotion oder des Fundes der skelettierten Leiche im Landwehrkanal nahe der Lichtensteinbrücke. Nach wie vor werden die Täter und Sieger der Geschichte häufiger erinnert als die Opfer. Die Pfade der neueren Philosophiegeschichte kreuzten und gabelten sich hier vor 1848 an der Berliner Universität. Bei der Vielzahl wirksamer Faktoren und dem Hazard akademischer Karrieren fehlte nicht viel, dass die Kleider und Rollen getauscht wären.

Die deutsche Universitätsphilosophie beging 2020 den 250. Geburtstag Georg Wilhelm Friedrich Hegels und vergaß die Erinnerung an seine Opfer: an erster Stelle den Jahrestag der denkwürdigen Habilitation des Erfahrungsseelenkundlers Friedrich Eduard Benekes, der 1815 bei den Jägern gedient hatte, sich 1820 als geborener Berliner mit Fürsprache Schleiermachers und Bedenken Hegels habilitierte, 1822 seine Venia Legendi verlor, später zurückkehrte, unberufen blieb und 1854 unter tragischen Umständen im Kanal verschwand. Man braucht nicht viel Fantasie, um sich auszumalen, dass die Universitätsgeschichte ohne Hegel und mit Beneke anders verlaufen wäre. Selbst wer Hegels spekulative Dialektik schätzt und Benekes »neue

Psychologie« und Erfahrungsseelenkunde ablehnt, kann nicht ausschließen, dass vieles besser verlaufen wäre. Denn Marxismus, Leninismus und Stalinismus, Maoismus und Neo-Maoismus wären uns ohne Hegel erspart geblieben, um nur das zu nennen.

Rosenkranz der Positionierungen

Die Geschichte der schulbildenden Wirkung Hegels wurde oft erzählt. Treffender als die Skizzen und Wälzer der orthodoxen Hegelianer, Anti-Hegelianer oder auch Heideggerianer sind hier die Darstellungen von Karl Rosenkranz, des Hegel-Biografen und Vertrauten der Familie. Manch einer denkt hier in erster Linie an sein Spätwerk *Hegel als deutscher Nationalphilosoph* von 1870,[168] das sich als »Apologie Hegels gegen Dr. Haym« verstand und deshalb fälschlich als reaktionäres Machwerk abgetan wurde, das der Reichsgründung präludierte. Tatsächlich muss noch diese Apologie aber satirisch im Geiste des vormärzlichen Frühwerks verstanden werden, mit dem Rosenkranz das Erbe Kants in Königsberg antrat. 1840 hatte er, längst in Königsberg lehrend, eine große *Geschichte der Kant'schen Philosophie* publiziert, die von der Darstellung und den Konsequenzen über die Reaktionen und Umbildungsversuche zur »Überwindung der Kant'schen Philosophie« seit Fichte schritt und mit Hegel als Vollender schloss, der den »Tempel der philosophischen Erkenntnis, den Kant angelegt hatte, fertig« erbaut habe. Rosenkranz fügte zum Schluss an: »Wir leben nicht mehr mit Kant im Jahrhundert des *roi philosophe*, sondern mit Hegel in dem der Politik« und der »Menschwerdung des Staates«.[169] Diese Erwähnung von Friedrich II. war 1840, im Todesjahr von Friedrich Wilhelm III., ein nationalliberaler Kommentar zum König der Restauration und des gebrochenen Verfassungsversprechens. Man sollte auch nicht überlesen, dass Rosenkranz dem knappen Abschluss mit Hegel eine Würdigung von Carl Daubs *Judas Ischariot oder über das Böse im Verhältnis zum Guten* vorausschickte. Leise Distanzsignale gegen Hegels Systemanspruch gab es also bei Rosenkranz schon früh. Er publizierte seine *Geschichte der Kant'schen Philosophie* aber laut Vorwort[170] bereits mit dem ehrenvollen Auftrag zur »Bearbeitung des Lebens Hegels« und war deshalb zur liberalen Konzilianz genötigt.

Die Last der Apologie, Orthodoxie und Dogmatik schüttelte er dennoch im gleichen Jahr 1840, wenige Jahre vor seiner bis heute maßgeblichen Hegel-Biografie,[171] mit seiner aristophanoiden Komödie *Das Centrum der Speculation* ab,[172] die die Erbschaftsstreitigkeiten und Nachfolgekämpfe als »Satyrdrama« versifizierte. Rosenkranz ließ die Frage nach dem Nachfolger und Centrum des Werkes dabei satirisch offen, trat als »Güldenstern«, Verräter Hamlets auf und bekannte sich zur »ironischen Selbstvernichtung«.[173] Sachlich erklärte er sich damals in seinen *Kritischen Erläuterungen des Hegel'schen Systems*, einer Sammlung von Rezensionsabhandlungen, die mit einem Beitrag *Hegel und seine Schule* eröffnete, eingangs zu seiner Stellung:

> Ich bin weit davon entfernt, so anmaßend zu sein, mich, der ich in dem äußersten Winkel Deutscher Literatur ein höchst peripherisches, kryptogamisches Dasein führe, als Mittelpunct der Schule zu setzen.[174]

Rosenkranz entwickelte dann die vernünftige Ansicht, dass die philosophische Dialektik über die Summe der Einseitigkeiten hinausführt:

> Das Wesen der Schule in dieser Mannigfaltigkeit der Differenzen besteht nun einmal darin, alle Seiten des Hegel'schen Systems zur Entwickelung zu bringen. Nur alle Schüler zusammen sind wieder Hegel gleich; jeder für sich ist einer seiner Einseitigkeiten. Will man also wissen, was jetzt Hegel'sche Philosophie ist, so muß man Hegel selbst, das Urgebirge, die älteren Hegelianer als das Mittelgebirge, und die Hegelinge, Hegeliter, Junghegelianer als die jüngsten Aufschwemmungen und vulcanischen Eruptionen in Ein [sic!] Ganzes zusammenfassen. [...] Zweitens besteht das Wesen einer Schule darin, sich als Schule aufzuheben. Die Hegel'sche ist so glücklich gewesen, in kaum zehn Jahren dies Resultat erreicht zu haben. [...] Es kommt schon gar nicht mehr darauf an, ob etwas Hegel'sch, sondern ob es durch sich selbst wahr und gewiß ist, ob es sich beweisen läßt.[175]

Die *Ästhetik des Hässlichen*[176] differenzierte Hegels mephistophelische Auffassung der Dialektik dann aus, indem sie das »Negativschöne« vom »reinen Nichts« in den Gestaltungen unterschied. Rosenkranz analysierte das Hässliche in den Erscheinungsformen der Formlosigkeit, Inkorrektheit und Defiguration oder Verbildung und zeigte, wie selbst die grässlichste Deformation, das Gemeine und Widrige, Böse und Satanische am Ende nur komisch ist und zur Karikatur anregt. Diese Auffassung von Hegels Ironie und Dialektik des »absoluten Geistes« ist bis heute unerreicht. Auch in der Apologie des »Nationalphilosophen« ist sie nicht verstummt. Man wünschte sich Rosenkranz deshalb heute erneut als Autor des Satyrdramas neuerer Hegel-Forschung, wenigstens als Rezensent einer jüngsten grässlichen Hegel-Biografie,[177] die die Chuzpe besaß, sich als »congeniale« Überbietung zu empfehlen. Ein eminenter Akteur des Kolloquiums der Neuen Wissenschaft der Politik, längst in zentrale publizistische Stellung aufgestiegen, steuerte dagegen zum Hegel-Jubiläum eine ebenso kluge wie lesbare Biografie bei, die Hegel, systemtheoretisch geschult, zur welthaltigen Vernunft brachte, soweit es eben geht.[178] Es bedarf nach dem Gelesenen übrigens kaum noch der Erwähnung, dass auch Karl Rosenkranz, der wohl bedeutendste liberale Hegel-Schüler, von der weiteren Forschung fast vergessen wurde und nur mit seiner maßgebenden Hegel-Biografie fortlebte. Henning Ottmann bemerkt dazu in seinem souveränen Überblick über die Hegel-Forschung: »Blickt man von der Warte der Hegelforschung des 20. Jahrhunderts auf das Werk von Rosenkranz zurück, dann beweist sich das Gerede vom Fortschritt der Forschung wieder einmal als Augenwischerei. Niemand hat im 19. Jahrhundert an die ›Ergebnisse‹ der Rosenkranz'schen Interpretation angeknüpft, sie kontinuierlich verbessert und ausgebaut. Zum Paradigma der Hegelauslegung wurde Hayms furioses und ›zeitgemäßes‹ Buch, nicht Rosenkranz' akademisch nüchterne, ›unparteiliche‹ und besonnene Interpretation.«[179]

Zur Umstellung des Gedenkens
Das Stück »Hegel und wir« wurde in den letzten zweihundert Jahren in mancherlei Variationen intoniert. War Hegel 1831 einst an der Cholera verstorben, fiel das Gedenken des 250. Geburtstags in die bleierne Zeit der Corona-Pandemie. List der Vernunft! Hatten die direkten Erben Hegels, die berufenen Nachfolger am Berliner Institut, das Erbe der marxistisch-leninistischen DDR-Philosophie einst als Marx-Kritik mit einem Rückgang auf Hegel beantwortet,[180] war Hegels Stimme nach der Millenniumswende dort in der nachfolgenden Generation bald verstummt. So musste die Wiedereroberung des Zentrums der Spekulation, die neue Fusion von Geopolitik und Geschichtsphilosophie, von der Peripherie des Instituts und der Neuen Wissenschaft der Politik her erfolgen, die inzwischen die Spreeseite gewechselt hatte und aus dem einstigen Prunkbau der DDR näher ans Hauptgebäude Unter den Linden herangerückt war.

Einer sehr verbreiteten und angesagten *Zeitschrift für Ideengeschichte*, die längst auf ikonische

Kulturwissenschaft umgestellt hat, war es gelungen, den neuen Odysseus höchstselbst zur Positionierung zu bewegen und die alte Frage »Hegel und wir« für die Gegenwart mit einer beherzten »Neuentdeckung« beantworten zu lassen. Odysseus fühlte sich bei seiner Relektüre von Hegels Theodizee der Imperien »unvermittelt angesprochen«, weil sie den Idealismus erdete, auf die Füße stellte und die Vernunft an die Wirklichkeit zurückband. Zwischen der Skylla einer fatalistischen »Niedergangsdiagnose« und der gestaltlosen Charybdis eines abstrakten Moralismus und Normativismus der »Vorschriften und Vorgaben« vermied O. listig jede dogmatische Festlegung auf die gegenwärtigen »Seelenführer« und Erben der germanischen Welt. Seine knappe Skizze ließ offen, ob Atlantis, das »Land der Zukunft«, noch westwärts zu finden sei und Hegels Worte vom »absoluten« Ende der Weltgeschichte korrigiert werden müssten. Apodiktisch hatte Hegel erklärt, jedes weltgeschichtliche Volk mache »nur einmal Epoche«.[181] »Europa ist schlechthin das Ende der Weltgeschichte«,[182] meinte er in der Vorlesung; Habermas widersprach 1990 in überschwänglicher Bejahung des Mauerfalls und erhoffte Vergangenheit als Zukunft, indem er von einer »zweiten Chance«[183] Europas sprach; 2020 erneuerte er diese Hoffnung zur Feier der Einheit. Solche Naivitäten waren Odysseus fremd. Bei allem Vertrauen in die starke Stellung Deutschlands als Macht der Mitte und Hegemon Europas mied er eine neue geschichtsphilosophische Inthronisation. So selbstbewusst er deshalb auch das Erbe Hegels in beiläufiger Taxierung der Parteigänger und Exegeten für sich beanspruchte, so unterbestimmt blieb doch seine dogmatische Systematisierung der gegenwärtigen Weltzeit.

Die clevere Redaktion der Zeitschrift beantwortete diese Leerstelle deshalb im gleichen Heft mit einem dekonstruktiven Widerpart, der die Zweifel am Erbe bei den verlorenen Briefen und korrupten Editionen ansetzte: auch und gerade bei der Rede vom »Weltgeist zu Pferde«, die auch Odysseus eingangs zitiert hatte und die schon Karl Hegel, der zu Ranke übergelaufene Sohn,[184] als Editor und Historiker nur nach Rosenkranz zitieren konnte. Eine letzte Hoffnung auf neue Funde von Hegel-Briefen hatte Johann Ludwig Döberlein, wie nachzulesen,[185] seit den 1940er-Jahren über Jahrzehnte geschürt, indem er immer wieder behauptete, eine vierstellige Anzahl unveröffentlichter biografischer Dokumente zu horten. Einige wenige Briefe zeigte er vor und manches tauchte später im Autografenhandel auf.

Eigentlich ist der Korpus erstrangiger Hegel-Quellen aber seit Rosenkranz und Karl Hegel geschmolzen. Vieles ist verloren gegangen. Da fügt es sich, dass eine philosophische Novelle, die Benekes prototypischem Schicksal nachging, zum Hegel-Jahr 2020 wenigstens einen neuen und gewichtigen Fund[186] beibringen konnte: einen dichten und kühnen Brief vom August 1827, in dem Hegel sich auf der Reise nach Paris nicht nur zuversichtlich über einen möglichen Beitrag Goethes zum *Jahrbuch* äußerte, sondern auch dem befreundeten Heinrich Beer gegenüber, dem Bruder Meyerbeers, entgegenkommend über die philosophische Sendung und Zukunft der großen Pariser Oper äußerte, die in der Geschichte des absoluten Geistes gerade Epoche machte.

Wo ein Brief sich findet, könnten andere folgen. Vielleicht taucht eines Tages Döberleins Kiste wieder auf, wie einst der *Urfaust, Wilhelm Meisters theatralische Sendung*, die *Zeitschrift für Sozialforschung* in Frankfurter Kellern oder Köstlers Original der *Sonnenfinsternis.* Wer die gegenwärtige Lage der Hegel-Forschung und -Renaissance skeptisch sieht, dem bleibt deshalb noch die Hoffnung auf weitere Briefe und Komödien. Das sollte freilich nicht von dem universitätsgeschichtlichen Skandal ablenken, dass in 2020 ein Hegel-Gedenkjahr begangen wurde, wo Beneke-Feiern anstanden. Eine zweite Chance hat die Universitätsphilosophie gerade noch 2022, wenn der Remotion zu gedenken ist: dem Entzug der Lehrbefugnis, den Hegel, so wird vermutet, betrieb, als er erkannte, wer ihm da ins Haus geraten war. Beachtlich ist hier schon der 1. März 1822, das Datum des ersten von vielen erhaltenen Briefen, den Beneke einst dem zuständigen Ministers Altenstein mit der demütigen Bitte um Audienz schrieb, voller Vertrauen in die »Gerechtigkeit und Güte«, um Auskunft über die »wahren Gründe« der Missbilligung zu erhalten. Man muss über dieses Schreiben Wort für Wort und Zeile für Zeile meditieren, um den lauteren Ton, die Aufrichtigkeit der Gesinnung und das edle Vertrauen in Preußen zu sehen, dem jede idealistische Spekulation, Ironie und heuchelnde Phrase von »Theodizee«

fremd war. So bekannte Beneke in seinem längeren Schreiben unter anderem Folgendes:

> Mit der vertrauenvollsten Hoffnung, die Billigung Ew. Exzellenz zu erhalten, und mit dem reinsten Gewissen, habe ich Ihnen meine Schriften sogleich nach ihrem Erscheinen selbst eingereicht; und mit der vollsten Wahrhaftigkeit kann ich versichern, daß mir keine Philosophie bekannt ist, welche weniger einen gefährlichen Charakter haben könnte, als die meinige, da sie alle ihre Sätze aus dem allgemeinen menschlichen Bewusstsein hervorhebt und streng wissenschaftlich begründet.[187]

Wer auch nur oberflächliche Kenntnis vom weiten und tiefen Werk des Erfahrungsseelenkundlers sowie etwas Sinn für akademische Redlichkeit und Methode hat, wird solchen Sätzen gerne beipflichten, was von Hegels Philosophie und Wirkung beim besten Willen nicht gesagt werden kann. Das Hegel-Gedenken von 2020 verpflichtet zum ernsten Gedenken in 2022, für das die vorliegenden Blätter werben. Aber auch diese billige Hoffnung wird an den Realitäten zerschellen. Für 2054 allerdings sieht es anders aus. Bis dahin wird die spekulative Dialektik vielleicht vergessen sein und die neue Psychologie triumphiert haben. Den 1. März 2054, 200. Todestag des großen Erfahrungsseelenkundlers, sollte man deshalb heute bereits im Kalender notieren.

9. Gegen den Strom. Im Brei der Ewigkeit

Nur unser Zeitbegriff lässt uns
das Jüngste Gericht so nennen,
eigentlich ist es ein Standrecht.
(Kafka)[188]

Den Griechen war es noch nicht Ernst mit dem, was wir Unsterblichkeit heißen. Erst für die spätere Reflexion, seit Sokrates, hat die Unsterblichkeit einen tieferen Sinn und befriedigt ein weitergeschrittenes Bedürfnis. Für die romantische Kunst ist es schlechthin notwendig, dass die Seele aus der Leiblichkeit in sich zurückgeführt eine Stufe der Innerlichkeit erreicht. Dante nahm in seiner *Göttlichen Komödie* die Schlüssel des Himmelreichs in die Hand und machte sich zum Weltenrichter, indem er Politiker, Krieger und Kardinäle, Dichter und Philosophen in die Hölle, ins Fegefeuer oder Paradies versetzte. Alles Einzelne verschwindet in seinem Gedicht vor dem Endzweck aller Dinge; doch zugleich steht das Vergänglichste und Flüchtigste objektiv im Innersten gegründet, in seinem Wert und Unwert durch Gott gerichtet, episch da. Die Verewigung durch die Mnemosyne des Dichters gilt als ein Urteil Gottes, in dessen Name der kühne Geist Hegel Individuen seligspricht oder verdammt.

Vom Flutgraben des Landwehrkanals, nahe der Lichtensteinbrücke, einem Erinnerungsort preußischer Schicksale, führt eine direkte Passage an diesen mythischen Ort, den der Dichter zum Weltgericht erhob. Achilles hatte einst dem Odysseus erklärt: »Nichtig und sinnlos wohnen die Schatten der gestorbenen Menschen. Preise nur tröstend den Tod nicht, Odysseus, lieber schufte ich als Tagelöhner oder Sklave auf der Galeere, als eine Schar vermoderter Toter in der Schattenwelt zu kommandieren.«

Und es kommt schneller, als man denkt! Wie aus tiefem Mittagsschlaf blickte M., ein Widergänger Benekes, plötzlich auf, und sah ein flatterndes blutrotes Tuch oder Segel, das ihm kalt ins Gesicht schlug. Er lag auf einer Planke zwischen anderen Körpern, die stumpf und gläsern durch ihn hindurchsahen. Finsteres Wetter pfiff durch das Gebälk. *Nemo sua sorte contentus est.* Da tippte ihn plötzlich der Umriss einer Frau freundlich an. Sie war von wechselnder Größe; bald zog sie sich zum Maß der Menschen zusammen, bald schien sie den dunklen Rand des Horizonts zu verlassen. In der Rechten trug sie Bücher, in der Linken ein Zepter, das das blutrote Tuch golden erleuchtete. ›Ellis Island?‹, dachte M. im Moment. War es aber nicht. »Da bist Du ja endlich!«, sagte sie sanft: »Du wirst schon erwartet!«

M. blickte sich hastig um und vermochte keine bestimmte Gesellschaft zu erkennen. Alles schien wie in Spinnweben verklebt. Wenige Gestalten regten sich unter dem wässrigen Schleim, zwölf oder dreizehn vielleicht. Etwa zwei Meter hinterrücks riss das Gewebe auf, und es zeigte sich ein Antlitz, das M. mit innerem Auge ergänzte: hohe Stirn, schmale Lippen und spitze Nase, Vatermörder, Ansatz zum Doppelkinn, Locken unter der Halbglatze, altmodische, runde Nickelbrille. »Bist du's, Eduard?«, entfuhr es ihm, und er erschrak über seinen Anruf.

»Das ist eine ernste philosophische Frage«, scholl es mit fahler Stimme zurück. »Darüber sollten wir ins Gespräch kommen, Kamerad, doch bleibt uns nur wenig Zeit, bis der Sturm ausbricht, und es sind hier noch manche Gefährten, die unser Schicksal teilen und mit uns zu rudern haben.«

Eduard spaltete den Brei als vorzüglicher Schwimmer, mit ruckartig vorwärts strebenden Händen bahnte er die Sicht auf eine andere Gestalt, der eine Art Strohhalm wie eine Zigarette im Mundwinkel hing.

»Er ist da!«, sagte Eduard zu R., M.s einstigem Kollegen, der den Halm erstaunt in den Brei warf.

»Was machst du denn hier, vor der Zeit?«, herrschte R. den alten Freund ärgerlich an. »Ich dachte, du wenigstens hättest den Beneke-Quatsch gelassen. Hattest es doch nicht nötig, saßt im Fett und nicht in diesem verschissenen Höllenschleim. Warum hast du dir nicht Zeit gelassen, mit deiner Perle? Na, du warst ein windiges Bürschlein. Ich dachte, du sitzt längst wieder im Institut Unter den Linden. Gibt es die entzückende Perle noch? Die war viel zu gut für dich. Du weißt gar nicht, was für ein Glück du hattest! Dunkel ist das Leben, ist der Tod. Wir wesen hier als Plastikgestalten, wie die Quallen gefangen in einem Meer von Verpackungsmüll.«

M. war pikiert, dass R. an die Perle erinnerte. »P. geht es gut«, sagte er. »Sie golft gerade mit ihren Mädels im Club. Ich sehe sie nachher daheim.«

»Das kannst du dir abschminken«, konterte R. »Vergiss es, *lasciate ogni speranza*!«

Die Worte verprellten und beunruhigten M. »Wo bin ich, was wollt ihr von mir?«, fragte er, blickte um sich und erfasste allmählich klarer seine Lage. »Ich bin nicht bereit!«, meinte er trotzig. »Sehe ich aus wie einer, der die Pest hat? Der ich hier vor dir steh? Und wär's die Pest auch, an meinen Knochen nagt sie sich krank!«

R. antwortete lapidar: »Tja, mein Lieber, können wir uns nicht aussuchen, wir sind ziemlich unten. Hätte ich auch nicht geglaubt, so etwas war uns Ossis unausdenklich. Das hat man nun vom Studium nigromanticum. *And be it moon, or sun, or what you please.* Es ist nicht gerade der Gulag, aber doch so etwas Ähnliches. Schwefelpfuhl! Pest und Corona. Dante hatte im Prinzip recht, wenn seine Fantasie auch an seine Zeit gebunden war. Er konnte noch nicht ermessen, wer nach Beatrice und Thomas kam. Du kommst auch nicht drauf. Wir sollten uns beeilen, noch ein paar freundliche Takte zu wechseln, bevor der Sturm losgeht und wir wieder in die Riemen und Seile müssen.«

»Wo bin ich hier?«, fragte M. erneut, ängstlich verwundert.

»HU-Beneke!«, warf Eduard dazwischen. »Alles Kollegen! *Brave new world that has such people in't.* Gleich müssen wir wieder ran, taktfest, anders als Unter den Linden.«

»Wir sind hier in den oberen Etagen der Hölle«, erklärte R. mit beruhigender Stimme. »Hätte ich mir nicht träumen lassen, aber so ist es. *Je me crois en enfer, donc j'y suis*, das ist der ganze Katechismus. *Nun bin ich von dem Todt gefellt / Und her an diesen Tanz gestellt.* Gleich müssen wir rudern, sonst werden wir vom Gegenwind abgetrieben und heruntergespült. Wir haben es noch gut, nicht so schlecht jedenfalls wie andere jenseits des Priels, wenn man dem Höllenhund glauben darf, der uns schindet. Da unten wird der Brei immer dichter, und wir sind dann ganz verklebt. Wir leben zwischen Wasser und Schleim, rudern gegen den Wind, um nicht zu verklumpen und dereinst vielleicht auf hohe See zu gelangen. Manchmal besucht uns die Dame Philosophie, die goldene Fee, um süße Gespräche und Träume zu schenken. Dann können wir plaudern. Lebendige Frauen wie deine Perle findest du hier aber nicht.«

»Das ist wirklich die Hölle?«, meinte M. ungläubig. »Schlafe oder wach ich? Bin ich bei Verstand? Ist dies die Hölle? Das ist doch unmöglich, die gibt's doch gar nicht.«

Eduard fuhr dazwischen und schaltete sich ein. »Falsch gedacht, Hans Metaphysikus! Das kommt davon, wenn man die neue Psychologie nicht wirklich studiert.«

R. kannte das schon und entgegnete leicht genervt: »Deine Erfahrungsseelenkunde hat dir die Ankunft im Brei auch nicht erspart!«

»Ich habe sie aber für möglich gehalten und nicht kategorisch ausgeschlossen«, bemerkte Eduard, durch den polemischen Hieb nicht im Geringsten erschüttert. »Ich bin nicht der Afterphilosophie des Hegelianismus verfallen, auch den pantheistischen und materialistischen Varianten nicht, die ich in Berlin in manchen Vertretern bekämpfen musste. Deren Namen werden hier im Boot übrigens über Gebühr geschätzt. Ich meine zum Beispiel den Dichter Heine, den sein platter Eudaimonismus in die Matratzengruft brachte, sowie den hoffnungslosen Bummelstudenten Marx, diesen Unruhestifter, den ich aus der Vorlesung verwies,[189] bevor er nach Jena floh. Wären sie 1848 doch auf den Barrikaden verreckt!« Eduard erregte sich mit hoher Stimme und errötete fast.

R. nahm deshalb das Wort und erklärte beruhigend: »Die HU-Beneke, unsere Planke im Brei, ist exklusiv nur für diejenigen Humboldt-Mitarbeiter reserviert, die zum Landwehrkanal neigten. Das sind einige, kann doch nicht jeder reüssieren. Das haben wir hier gelernt. Ágnes Heller hätte ich gerne dabei, die Holocaust-Überlebende, die mit 90 in den Balaton hinausschwamm; aber sie gehörte formal nie zu uns. Auch in der Hölle geht es bürokratisch zu. Es kommen zwar nicht alle aus der Philosophie, aber doch manche. Auf Hegel schieben sie ihren Groll, es gibt aber auch ausgemachte Zeller- oder Dilthey-Opfer. Dühring war auch bei uns, in der Opfer-Barke, hat aber Stress gemacht und ist inzwischen über Bord gegangen. Es war nicht auszuhalten. Eduard ist eigentlich reizend; er hält uns mit seiner Psychologie bei Laune. Wir sind hier nur die gemeine Mannschaft. Es gibt noch andere Humboldt-Schiffe, wir wissen es nicht genau, aber es scheint, dass sie alle irgendwie im Brei stecken, in luftigeren Höhen vielleicht, die sich für andere

Sphären öffnen. Unser Kapitän schaut nur gelegentlich vorbei und gibt Kommandos. Du ahnst es schon. Es heißt, dieser Höllenhund rudert ansonsten auf der HU-Ordinarius. Er ist nicht gerade Prosperio, aber wir sind hier die Caliban.«

»Taliban?«, fragte M.

»Caliban, Taliban, das ist fast dasselbe!«

»Wenn die Gelegenheit günstig ist, stelle ich ihn wie einst seinen Nachfolger«, zischte Eduard, »Er sitzt auf meinem Lehrstuhl!«

»Gibt es denn keine Hoffnung?«, meinte M. matt und zerknirscht: »Keine Rückkehr zur Perle? Hat mir die blöde Spekulation den Himmel verschlossen? Ich war doch der Sünde des Dogmatismus nie verfallen, habe zu keiner Schule geschworen.«

»Philosophie ist angewandte Psychologie«, konterte Eduard selbstbewusst. »Sie analysiert die innere Erfahrung. Die Seele ist primär, lässt sich nicht materialistisch beschreiben. Das produktive Genie konzentriert sich auf seine Erfahrungen und erhebt sich über sein beschränktes Wesen. Es hat Religion. Schon Kaspar Hauser aber erkannte seine Träume nicht als Träume. Vielleicht befinden wir uns gerade in einem magnetischen Schlaf und die Heilkraft der Natur schenkt mich dir in deinen Einbildungen als fixe Idee. Oder unsere Seele hat sich vom Leib abgelöst und ein Leben nach dem Tod gefunden. Das alles ist möglich. *Machst du's doch selbst, das Fratzengeisterspiel!* Lese in meinem *Lehrbuch der Psychologie als Naturwissenschaft*[190] nach, wenn dich deine Zustände verwundern!«

M. konnte sich über diese merkwürdigen Belehrungen nicht freuen, zumal kein Erwachen absehbar war. Im Sinne Benekes erlebte er gerade Zustände übermäßiger Erregung, war aber zu schwach, in der Seelenkrankheitslehre nach Heilmitteln zu forschen. Matt blickte er in die verklebte Landschaft. Nun gehörte er also zur Kanalfraktion, seine Stimmung war gedrückt.

Nur zur Vermeidung peinlicher Stille fragte er nach dem ontologischen Status der Welt im Brei. Eduard erwachte zu weitläufigen Ausführungen: »Diese Fragen wurden durch das *System der Metaphysik und Religionsphilosophie*[191] 1840 bereits geklärt. Die Religionsphilosophie hat den Urgrund der Welt und die Fortdauer der menschlichen Seele zum Thema. Wir wollen wissen, was hinter dem Vorhang geschieht. Die Lehren sind zwar noch sehr unvollkommen; selbst wenn die Identität von Sein und Nichts, die die Hegel'sche Philosophie lehrt, möglich wäre, besagte das aber nichts für die Unsterblichkeit der menschlichen Seele, denn wenn diese Seele, dem sichtbaren Leibe gleich, aufgelöst in das geistige All zurückkehrte, oder in anderen Formen und Verbindungen fortexistiert, so wären es doch nicht wir, die fortexistierten. Gerade darauf aber, die Fortexistenz in genau derjenigen Form und Verbindung, welche unser Ich begründet, kommt es für die Unsterblichkeit an, und hierfür wird durch eine abstrakte Unmöglichkeit, dass das Existierende vernichtet werde, nichts bewiesen. Die Begründung auf das Sein zeigt sich ohne Kraft und Bedeutung. Das dämmerte dem Ministerium auch, sodass seine Hegelinge in Schwierigkeiten gerieten, die sie mit haltlosen Spekulationen zu übertünchen suchten. Die materialistische Ansicht betrachtet die Seele als ein Produkt leiblicher Organisation. Sie will die Auflösung und führt zum Aufruhr, wie er 1848 die Linden traf. Die Seele als immaterielles, einfaches Wesen muss aber in ihrer eigentümlichen Art des Seins beharren. Darüber täuschen die Hegelinge hinweg.«

»Schnauze«, brüllte jemand in schwarzer Tracht, wie aus dem Nichts entsprungen, das das Sein selbst ist. Leicht schwäbelnd klang es: »Lass er das Geschwätz. Abrechnung gibt's, Vollstreckungsaufschub, doch keine Gnade. Mit ihm ist keine Verständigung möglich, muss ich mich wiederholen? Er ist nicht zu belehren und gehört nicht zu uns. Das, immerhin, hat der Trendelenburg der Logik entnommen. Hüte er sich, dass er nicht wie Dr. Dühring über Bord geht. Es gibt ein großes Wort, das Herodot erfasste, die Ägypter sprachen es erstmals aus, dass die Seele unsterblich ist. In Indien, China ist Fortleben nur Nirwana. Die höhere Bestimmung ist die Negation der Negation, dass der Tod getötet und das Prinzip der Vergänglichkeit überwunden wird. Was wir Philosophie nennen, ist die Bewegung in reinen Gedanken. Was sich selbst bewegt, ist Prinzip, denn es hat seinen Ursprung und Anfang in sich selbst. Platon entwickelte den einfachen Begriff der Seele als des sich selbst Bewegenden. Ihm hatte die Unsterblichkeit große Bedeutung, weil er begriff, dass das Denken keine Eigenschaft ist, sondern die Substanz selbst. Ich weiß mich als wahrhafte Selbstständigkeit unsterblich. Die Seele existiert nicht etwa vor dem Körper und fällt dann in die Materie herab; es gibt keinen Abfall aus einem vollkommenen Zustande und keinen Grund, dieses Leben als Einkerkerung zu betrachten. Das Zusammengesetzte ist der Auflösung und dem Untergang unterworfen, das Einfache, Schöne und Gute, das Gleiche aber ist aller Veränderung unfähig. Das gilt auch für Euch! Noch seid Ihr bei Euch, lebt im Geist und sagt Ich. Die ewige Idee betätigt, erzeugt und genießt sich als absoluter Geist. Euch einfacher Mannschaft aber, die Ihr nie berufen wurdet, ist solche Versöhnung freilich ein Graus. Den absoluten Geist werdet Ihr nie begreifen. Und nun genug geschwatzet, schleunigst an die Ruder, sonst geht's hinab! Die Frist ist um. Singt, Satan hört's! Johohe! – Hojohe!«

Schnell kam Bewegung in den Brei. Überall tauchten bleiche Gestalten auf, von denen M. einige aus der Universitätschronik zu kennen glaubte. Sie setzten sich auf, griffen zum Ruder und begannen auf eine herrische Bewegung des Kapitäns hin, plötzlich im Gleichklang zu singen und zu rudern. Das Wetter schlug ihnen ins Gesicht, und sie mühten sich nach Kräften, dagegen voranzukommen. Auch M. nahm ein Ruder, von Beneke eingewiesen, und warf sich gegen den Sturm. Er hatte zwar nicht den Eindruck, dass das Boot ins Leichtere kam, spürte aber den Drift zurück und verlor im milchigen Brei jede Sicht auf Richtung. *Moi dont les Monitors n'auraient pas repêché la carcasse ivre d'eau.* Des trunkenen Gerippes nimmt sich kein Schlepper an. Die Kameraden sangen mit Glasharfenstimme:

»Nirgends ein Grab, niemals der Tod!
Vergebene Hoffnung, eitler Wahn!
Gegen den Strom und Wind
Irrn wir auf Wassern umher!
Mein Mädel, wenn nicht Südwind wär,
Wir kämen wohl zu Dir.«

M. schluckte bitter, und etwas wie Perlen oder Tränen rann ihm über seinen Gesichtsschatten. Er erinnerte sich einer Kinderzeichnung, in der ein Wesen die Flügel erhob und um Halt bat, im Begriff, sich von etwas zu entfernen, auf das es starrte. Seine Augen waren weit aufgerissen, und der Mund stand offen. Das Wesen schaute fassungslos durch die Mannschaft hindurch in den Abgrund von Brei, während die Ruderer mit letzten Kräften blind gegen den Drift ankämpften. Niemand verweilte am Ende des Meeres, das zum Himmel emporwuchs.

Anmerkungen

1 Detlev Holz, *Deutsche Menschen*, Luzern 1936.

2 Karl Rosenkranz, *Das Centrum der Speculation. Eine Komödie*, Königsberg 1840, S. 4.

3 Dazu etwa Lucien Braun, *Geschichte der Philosophiegeschichte*, Darmstadt 1990; Petra Kolmer, *Philosophiegeschichte als philosophisches Problem. Kritische Überlegungen namentlich zu Kant und Hegel*, Freiburg 1998; Pirmin Stekeler-Weithofer, *Philosophiegeschichte*, Berlin 2006.

4 Friedrich Schiller, »Was heisst und zu welchem Ende studiert man Universalgeschichte? Eine akademische Antrittsrede«, in: *Schillers Werke. Nationalausgabe Bd. 16: Historische Schriften. Erster Teil*, herausgegeben von Karl-Heinz Hahn, Weimar 1970, S. 359–371, hier: S. 361: »Wer hat über Reformatoren mehr geschriien, als der Haufe der Brodgelehrten? Wer hält den Fortgang nützlicher Revolutionen im Reich des Wissens mehr auf, als eben diese? Jedes Licht, das durch ein glückliches Genie, in welcher Wissenschaft es sey, angezündet wird, macht ihre Dürftigkeit sichtbar; sie fechten mit Erbitterung, mit Heimtücke, mit Verzweiflung, weil sie bey dem Schulsystem, das sie verteidigen, zugleich für ihr ganzes Daseyn fechten. Darum kein unversöhnlicher Feind, kein neidischerer Amtsgehülfe, kein bereitwilligerer Ketzermacher, als der Brodgelehrte.«

5 Arthur Schopenhauer, »Über die Universitäts-Phi-

losophie«, in: *Sämtliche Werke*, herausgegeben von Wolfgang von Löhneysen, Darmstadt 1989, Bd. 4, S. 171–242, hier: S. 171 ff.

6 Dazu vgl. Joachim Ritter, *Die Aufgabe der Geisteswissenschaften in der modernen Gesellschaft*, Münster 1963.

7 Dazu vgl. Friedrich Nietzsche, »David Strauß, der Bekenner und der Schriftsteller«, in: ders., *Sämtliche Werke. Kritische Studienausgabe (KSA)*, herausgegeben von Giorgio Colli / Mazzino Montinari, München 1980, Bd. 1, S. 157–242, hier: S. 165 ff.

8 Friedrich Nietzsche, »Vom Nutzen und Nachtheil der Historie für das Leben«, in: *KSA* 1, S. 243–334, hier: S. 259.

9 Nietzsche, »Vom Nutzen und Nachtheil der Historie für das Leben«, S. 296.

10 Nietzsche, »Vom Nutzen und Nachtheil der Historie für das Leben«, S. 330.

11 Karl Löwith, *Von Hegel bis Nietzsche*, Zürich 1941; Dekonstruktion der gängigen Teleologie ders., *Weltgeschichte und Heilsgeschehen. Die theologischen Voraussetzungen der Geschichtsphilosophie*, Stuttgart 1953; zur eigenen historisierenden Gegenposition ders., *Jacob Burckhardt*, Zürich 1936.

12 *Goethe's Werke. Vollständige Ausgabe letzter Hand. Unter des durchlauchtigsten deutschen Bundes schützenden Privilegien*, Bd. 58: *Morphologie. Beiträge zur Optik*, Stuttgart und Tübingen 1842, S. 302–304.

13 *Goethes Werke*, Bd. 52: *Zur Farbenlehre didaktischer Theil*, Stuttgart und Tübingen 1833, § 805.

14 *Goethe's Werke*, Bd. 53: *Geschichte der Farbenlehre*, Stuttgart und Tübingen 1833, S. 91; *Hamburger Ausgabe*, Bd. 14, S. 58.

15 *Goethe's Werke*, Bd. 53, S. 163; *Hamburger Ausgabe*, Bd. 14, S. 93.

16 *Goethe's Werke*, Bd. 54: *Geschichte der Farbenlehre*, Stuttgart und Tübingen 1833, S. 41; *Hamburger Ausgabe*, Bd. 14, S. 152 f.

17 *Goethes Werke*, Bd. 54, S. 107; *Hamburger Ausgabe*, Bd. 14, S. 176 f.

18 Zu Leibniz und der Berliner Akademie als Wegbereiterin für die spätere Berliner Universität dagegen Wilhelm Dilthey, *Studien zur Geschichte des deutschen Geistes. Gesammelte Schriften*, Bd. 3, Leipzig 1927; um 1900 wurden Akademiegeschichte und Universitätsgeschichte durch die monumentalen Historisierungen von Adolf von Harnack und Max Lenz, anders als bei Dilthey, wieder stärker getrennt: Adolf v. Harnack, *Geschichte der Königlich Preußischen Akademie der Wissenschaften zu Berlin*, 4 Bde., Berlin 1900.

19 Johann Wolfgang Goethe, »Meteore des litterarischen Himmels«, in: *Goethe's Werke*, Bd. 50: *Zur Naturwissenschaft im Allgemeinen*, Stuttgart und Tübingen 1833, S. 113–122.

20 Michel Foucault, *Die Ordnung des Diskurses*, Frankfurt/M. 1971.

21 Dazu eingehend schon Max Lenz, *Geschichte der königlichen Friedrich-Wilhelms-Universität zu Berlin*, Bd. 2/1: *Ministerium Altenstein*, Halle 1910, bes. S. 294 ff. (Hegel und Beneke); weitere Standardliteratur etwa Karl Rosenkranz, *Georg Wilhelm Friedrich Hegels Leben*, Berlin 1844, S. 315 ff.; ders., *Hegel als deutscher Nationalphilosoph*, Leipzig 1870; Rudolf Haym, *Hegel und seine Zeit. Vorlesungen über Entstehung und Wesen und Werth der Hegel'schen Philosophie*, Berlin 1850.

22 Die große wissenschaftsgeschichtliche Bedeutung der Berliner Universität als Erbe des Idealismus und Historismus betonend, Eduard Spranger, »Berlin als Sitz weltgestaltender Philosophie«, in: ders., *Berliner Geist. Aufsätze und Aufzeichnungen*, Tübingen 1966, S. 58–109.

23 Das ist der Gliederung der Bände 1–3 und 12 einerseits und Bd. 7 der *Gesammelten Schriften* Diltheys andererseits leicht erkennbar.

24 Karl Jaspers, *Psychologie der Weltanschauungen*, Berlin 1919.

25 Dazu vgl. Martin Heidegger, »Anmerkungen zu Karl Jaspers ›Psychologie der Weltanschauungen‹« (1919/1921), in: ders., *Wegmarken*, 2. erw. Aufl. Frankfurt/M. 1978, S. 1–44; zur Abgrenzung von der zeitgenössischen Konkurrenz ders., *Vorträge. Teil I: 1915 bis 1932. Heidegger-Gesamtausgabe Bd. 80.1*, Frankfurt/M. 2016.

26 Zeitgenössisch populär Ernst Kretschmer, *Geniale Menschen*, Berlin 1929; Wilhelm Lange-Eichbaum, *Genie, Irrsinn und Ruhm. Eine Pathographie des Genies*, Tübingen 1927.

27 Georges Kanon prägnant in: Stefan George / Karl Wolfskehl (Hg.), *Deutsche Dichtung*, Bd. 3: *Das Jahrhundert Goethes*, Berlin 1902, anschließend die von George autorisierten Monumentalbiografien des George-Kreises (Gundolf, Bertram, Wolters, Kantorowicz, Kommerell, Vallentin u. a.).

28 Dazu vgl. Dieter Henrich, *Konstellationen. Probleme und Debatten am Ursprung der idealistischen Philosophie (1789–1895)*, Stuttgart 1991; *Werke im Werden. Über die Genesis philosophischer Einsichten*, München 2011; deprimierend jetzt ders., *Ins Denken ziehen. Eine philosophische Autobiographie*, München 2021.

29 Ein problematischer Pionier war hier Erich Rothacker, *Wissenschaftsgeschichte und Universitätsgeschichte*, Bonn 1943; vgl. dann etwa Ulrich Johannes Schneider, *Philosophie und Universität. Historisierung der Vernunft im 19. Jahrhundert*, Hamburg 1999; methodisch wegweisend Christian Tilitzki, *Die deutsche Universitätsphilosophie in der Weimarer Republik und im Dritten Reich*, 2 Bde., Berlin 2002; Tilitzki rekonstruiert die Berufungsgeschichten aus den Archiven und ignoriert die nationalsozialistischen Exklusionen; seine Umwertung des Kanons durch paradigmatische Aufwertung insbesondere Alfred Baeumlers ist abwegig. Erste skizzenhafte Gesamtbetrachtung der Berliner Universitätsgeschichte bei Volker Gerhardt, Reinhard Mehring, Jana Rindert, *Berliner Geist. Eine Geschichte der Berliner Univer-*

sitätsphilosophie, Berlin 1999; methodologische Reflexion dieser Studie bei Reinhard Mehring, »Die Berliner Universitätsphilosophie als Geschichte und als Mythos«, in: Istvan Fehér / Peter L. Oesterreich (Hg.), *Die Philosophie und die Gestalt der europäischen Universität*, Stuttgart 2008, S. 258–283; als Fallstudie zum Primat konfessioneller Prägung (jenseits des Humboldt-Mythos) jetzt Reinold Schmücker / Johannes Müller-Salo (Hg.), *Pietät und Weltbezug. Universitätsphilosophie in Münster*, Paderborn 2020.

30 Dazu etwa Wilhelm Weischedel, *Die philosophische Hintertreppe*, München 1966.

31 In der Form von Konstellationsdramen Wolfram Eilenberger, *Zeit der Zauberer. Das große Jahrzehnt der Philosophie 1919–1929*, Stuttgart 2018; ders., *Feuer der Freiheit. Die Rettung der Philosophie in finsteren Zeiten*, Stuttgart 2020.

32 Dazu vgl. Reinhard Mehring, *Heideggers »große Politik«. Die semantische Revolution der Gesamtausgabe*, Tübingen 2016; ders., *Martin Heidegger und die »konservative Revolution«*, Freiburg 2018; zur neueren Nietzsche-Edition vgl. Philipp Felsch, *Wie Nietzsche aus der Kälte kam. Geschichte einer Rettung*, München 2022.

33 Vittorio Hösle, *Der philosophische Dialog. Eine Poetik und Hermeneutik*, München 2006.

34 Dazu eingehend Reinhard Mehring, *Thomas Manns philosophische Dichtung. Vom Grund und Zweck seines Projekts*, Freiburg 2019, S. 21 ff.

35 Dazu vgl. Ludwig Feuchtwanger, *Auf der Suche nach dem Wesen des Judentums. Beiträge zur Grundlegung der jüdischen Geschichte*, Berlin 2011; *Der Gang der Juden durch die Weltgeschichte. Erstveröffentlichung eines Manuskripts von 1938*, Berlin 2014.

36 Aristoteles, *Poetik* 1451ab (Übersetzung von Olof Gigon), in: Aristoteles, *Vom Himmel. Von der Seele. Von der Dichtkunst*, München 1983, S. 403.

37 Elfride Jelinek, *Totenauberg. Ein Stück*, Reinbek 1991; Sibylle Lewitscharoff, *Blumenberg. Roman*, Berlin

2011; Gisela von Wysocki, *Wiesengrund*, Berlin 2016; die französische Philosophie ist von Diderot und Rousseau bis Sartre ohnehin stärker literarisiert. Für die neueren »Meisterdenker« etwa Laurent Binet, *La septième function du langage*, Paris 2015.

38 Hans-Peter Kunisch, *Todtnauberg. Die Geschichte von Paul Celan, Martin Heidegger und ihrer unmöglichen Begegnung*, München 2020; dazu meine Besprechung in: *Philosophischer Literaturanzeiger* 73 (2020), S. 229–234.

39 Dazu vgl. Karl Rosenkranz, *Das Centrum der Speculation. Eine Komödie*, Königsberg 1940.

40 Friedrich Nietzsche, »Vom Nutzen und Nachtheil der Historie für das Leben«, in: *KSA* 1, S. 312.

41 Ebd., S. 313.

42 Walter Benjamin, »Über den Begriff der Geschichte«, in: ders., *Gesammelte Schriften Bd. 1/2*, Frankfurt/M. 1974, S. 691–704, hier: S. 697.

43 Ebd., S. 695; vgl. Hans-Christof Kraus, »Leopold Ranke, Politisches Gespräch (1836)«, in: Manfred Brocker (Hg.), *Geschichte des politischen Denkens: Das 19. Jahrhundert*, Berlin 2021, S. 251–264.

44 Ebd., S. 702.

45 Andreas Urs Sommer, *Lexikon der imaginären philosophischen Werke*, Frankfurt/M. 2012.

46 Theodor W. Adorno, *Minima Moralia. Reflexionen aus einem beschädigten Leben*, Frankfurt/M. 1951, S. 7.

47 Adorno am 3. Juni 1945 an Thomas Mann, in: *Theodor W. Adorno / Thomas Mann. Briefwechsel 1943–1955*, herausgegeben von Christoph Gödde / Thomas Sprecher, Frankfurt/M. 2002, S. 17.

48 Dazu etwa Jürgen Habermas, *Philosophisch-politische Profile*, Frankfurt/M. 1981; ders., *Der philosophische Diskurs der Moderne. Zwölf Vorlesungen*, Frankfurt/M. 1985; ders., *Auch eine Geschichte der Philosophie*, 2 Bde., Berlin 2019.

49 Dazu Reinhard Mehring (Hg.), *Ethik nach Theresienstadt. Späte Texte des Prager Philosophen Emil Utitz (1883–1956)*, Würzburg 2015; ders., *Philosophie im Exil.*

Emil Utitz, Arthur Liebert und die Exilzeitschrift »Philosophia«. Dokumentation zum Schicksal zweier Holocaust-Opfer, Würzburg 2018.

50 Aus der Fülle soziologischer Ideologiekritik und Ideengeschichtsschreibung etwa Hanno Kesting, *Geschichtsphilosophie und Weltbürgerkrieg. Deutungen der Geschichte von der Französischen Revolution bis zum Ost-West-Konflikt*, Heidelberg 1959; Hermann Lübbe, *Politische Philosophie in Deutschland*, Basel 1963; Dieter Thomä, *Puer robustus. Eine Philosophie des Störenfrieds*, Berlin 2016; zur Täterthese vgl. Iris Därmann, *Undienlichkeit. Gewaltgeschichte und politische Philosophie*, Berlin 2020.

51 Dazu ebenso amüsant wie scharfsinnig Reinold Schmücker, »Kappes und Anti-Kappes: Eine Miszelle zur Philosophie des Plagiats«, in: Christiane Lahusen / Christoph Markschies (Hg.), *Zitat, Paraphrase, Plagiat. Wissenschaft zwischen guter Praxis und Fehlverhalten*, Frankfurt/M. 2015, S. 163–180.

52 Heinrich Neugeboren, »Friedrich Eduard Beneke. Eine biographische Skizze«, in: Friedrich Eduard Beneke, *Psychologisch-pädagogische Abhandlungen und Aufsätze*, herausgegeben von Max Moltke, Leipzig 1877, S. 69-80, hier: S. 78.

53 Alexander Demandt, *Ungeschehene Geschichte. Ein Traktat über die Frage: Was wäre geschehen, wenn …?*, 1984, 5. Aufl. Göttingen 2011; ders., *Es hätte auch anders kommen können. Wendepunkte deutscher Geschichte*, Berlin 2010.

54 Otto Gramzow, *Friedrich Eduard Benekes Philosophie. Auf Grund neuer Quellen kritisch dargestellt*, Bern 1899.

55 Reinhard Mehring, *Landwehrkanal. Philosophische Novelle*, Freiburg 2019.

56 Jürgen Kaube, *Hegels Welt*, Berlin 2020, S. 489.

57 Carl Gustav Beneke (1800–1864), Theologe, Prediger, Konsistorialrat.

58 Otto Hintze, *Die Hohenzollern und ihr Werk. Fünfhundert Jahre vaterländische Geschichte*, Berlin 1915.

59 Otto Hintze, »Geist und Epochen der preußischen

Geschichte« (1903), in: ders., *Regierung und Verwaltung. Gesammelte Abhandlungen*, Bd. 3, Göttingen 2. Aufl. 1967, S. 1–29, hier: S. 4.

60 Otto Hintze, »Kalvinismus und Staatsräson in Brandenburg zu Beginn des 17. Jahrhunderts«, in: ders., *Gesammelte Abhandlungen*, Bd. 3, S. 255–312, hier: S. 266.

61 Otto Hintze, »Die Epochen des evangelischen Kirchenregiments in Preußen«, in: ders., *Gesammelte Abhandlungen*, Bd. 3, S. 56–96, hier: S. 70.

62 Die dichte Bebauung der unmittelbaren Nachbarschaft der Kirche gehört zu den schwersten Bausünden der letzten Jahre in Berlin-Mitte.

63 Gramzow, *Benekes Philosophie*, S. 12.

64 Hellhörig hier: Ferdinand Tönnies, *Der Nietzsche-Kultus. Eine Kritik*, Leipzig 1897.

65 Friedrich Nietzsche, »Die Geburt der Tragödie«, in: *KSA* 1, S. 11–146, hier: S. 96; vgl. ders., »Sokrates und die griechische Tragödie«, in: *KSA* 1, S. 634.

66 Georg Wilhelm Heinrich Häring (1798–1871), Schulfreund, Jurist, Publizist, unter dem Namen Willibald Alexis Erfolgsschriftsteller historischer Romane, Gestalt auch der Novelle *Landwehrkanal*.

67 Dazu vgl. Notker Hammerstein / Ulrich Herrmann (Hg.), *Handbuch der deutschen Bildungsgeschichte*, Bd. 2: *18. Jahrhundert*, München 2005; Karl-Ernst Jeismann / Peter Lundgreen (Hg.), *Handbuch der deutschen Bildungsgeschichte*, Bd. 3: *1800–1870*, München 1987; Walter Rüegg (Hg.), *Geschichte der Universität in Europa*, Bd. 3: *Vom 19. Jahrhundert zum Zweiten Weltkrieg 1800–1945*, München 2004.

68 Johann August Ferdinand Bernhardi, *Ansichten über die Organisation der gelehrten Schulen*, Jena 1818.

69 Reinhard Mehring, *Landwehrkanal*, S. 90 ff.

70 Johann August Ferdinand Bernhardi, *Ansichten über die Organisation der gelehrten Schulen*, Jena 1818, S. 322; dazu vergleiche die flammende Ansprache des damaligen Rektors der Berliner Universität, Karl Wilhelm Ferdinand Solger, vom 3. August 1815,

die das Verfassungsversprechen als Sinn des erneuten Waffengangs gegen den Tyrannen erfasste; Abdruck in der deutschen Originalfassung jetzt ediert von Hans-Christof Kraus, »Karl Wilhelm Ferdinand Solger als Rektor der Universität zu Berlin. Seine Rede zum Königsgeburtstag am 3. August 1815«, in: *Forschungen zur Brandenburgischen und Preussischen Geschichte* N. F. 30 (2020), S. 127–145.

71 Johann August Ferdinand Bernhardi, *Ansichten über die Organisation der gelehrten Schulen*, Jena 1818, S. 324.

72 Friedrich Eduard Beneke, *Erziehungs- und Unterrichtslehre*, 2 Bde., Berlin 1835/36.

73 Dazu etwa Friedrich A. Kittler, »Carlos als Karlsschüler. Ein Familiengemälde in einem fürstlichen Hause«, in: Winfried Barner u. a. (Hg.), *Unser Commercium. Goethes und Schillers Literaturpolitik*, Stuttgart 1984, S. 241–273; ders., *Aufschreibesysteme 1800–1900*, München 1985; ders., *Dichter, Mutter, Kind*, München 1991.

74 Dieter Henrich, *Grundlegung aus dem Ich. Untersuchungen zur Vorgeschichte des Idealismus. Tübingen – Jena (1790–1794)*, 2 Bde., Frankfurt/M. 2004.

75 Gramzow, *Benekes Philosophie*, S. 14.

76 Ebd., S. 15; zum damaligen Lehrkörper vgl. Wilhelm Schrader, *Geschichte der Friedrichs-Universität zu Halle*, Berlin 1894, Bd. 2, S. 23 ff., S. 54 ff.

77 Ebd., S. 14; gemeint sind: Ludwig Heinrich Jakob, *Grundriss der Erfahrungsseelenkunde*, Halle 1791; Johann Christoph Hoffbauer, *Anfangsgründe der Logik, nebst einem Grundriss der Erfahrungsseelenkunde*, Halle 1794.

78 Friedrich Beneke, »Ueber Kleist's Prinzen Friedrich von Homburg«, in: *Literarisches Conversations-Blatt* Nr. 113 vom 15. Mai 1822, S. 449–452.

79 Gramzow, *Benekes Philosophie*, S. 15.

80 Ebd., S. 16.

81 Ebd., S. 16.

82 Ebd., S. 16.

83 Ebd., S. 16.

84 Friedrich Schleiermacher, *Kurze Darstellung des theologischen Studiums zum Behuf einleitender Vorlesungen*, herausgegeben von Heinrich Scholz, Leipzig 1910.

85 Ebd., S. 27 (§ 62).

86 Grundlegend Carl Schmitt, *Theorie des Partisanen. Zwischenbemerkung zum Begriff des Politischen*, Berlin 1963.

87 Georg Wilhelm Friedrich Hegel, *Grundlinien der Philosophie des Rechts*, in: ders., *Werke*, Bd. 7, herausgegeben von Eva Mollenhauer und Karl Markus Michel, Frankfurt/M. 1970, S. 413 f. (§ 268).

88 Friedrich Eduard Beneke, *System der Metaphysik und Religionsphilosophie, aus den natürlichen Grundverhältnissen des menschlichen Geistes abgeleitet*, Berlin 1840, S. 552 f.

89 Reinhard Mehring, *Landwehrkanal*, S. 120 ff.

90 Johann Wolfgang von Goethe, »Principes de Philosophie Zoologique par Geoffroy de Saint-Hilaire«, in: *Goethe's Werke*, Bd. 50, S. 201–250; *Hamburger Ausgabe*, Bd. 13, S. 219–250.

91 Dazu vgl. Johann Wolfgang von Goethe, »Einwirkung der neueren Philosophie«, in: *Goethes Werke*, Bd. 50, S. 49–55, hier: S. 55: »Was ich gleichzeitig und späterhin *Fichten*, *Schellingen*, *Hegeln*, den *Gebrüdern von Humboldt* und *Schlegel* schuldig geworden, möchte künftig dankbar zu entwickeln sein, wenn mir gegönnt wäre jene für mich so bedeutende Epoche, das letzte Zehent des vergangenen Jahrhunderts, von meinem Standpunkte aus, wo nicht darzustellen, doch anzudeuten, zu entwerfen.«

92 Dazu vgl. Michel Foucault, *Histoire de la sexualité I: La volonté de savoir*, Paris 1976.

93 Dazu vgl. Johann Wolfgang von Goethe, »Bedeutende Förderniß durch ein einziges geistreiches Wort«, in: *Goethes Werke*, Bd. 50, S. 33–99, hier: S. 94; *Hamburger Ausgabe*, Bd. 13, S. 37–41, hier: S. 38: »Hiebei bekenn' ich, daß mir von jeher die große und so bedeutend klingende Aufgabe: *erkenne dich selbst*,

immer verdächtig vorkam, als eine List geheim verbündeter Priester [...] Der Mensch kennt nur sich selbst, insofern er die Welt kennt, die er nur in sich und sich nur in ihr gewahr wird.«

94 *Goethes Werke*, Bd. 26: *Aus meinem Leben. Dichtung und Wahrheit. Dritter Theil*, Stuttgart und Tübingen 1829, S. 77; *Hamburger Ausgabe*, Bd. 9, S. 495 f.

95 Johann Wolfgang von Goethe, »Principes de Philosophie Zoologique par Geoffroy de Saint-Hilaire«, in: *Goethes Werke*, Bd. 50, S. 222–223; *Hamburger Ausgabe*, Bd. 13, S. 232 f.

96 Es versteht sich, dass Goethe keine dogmatische Option für ein »nichtdoktrinäres« Philosophieren intendierte. So aber inkonsistent Michael Hampe, *Die Lehren der Philosophie. Eine Kritik*, Berlin 2014.

97 *Goethes Werke. Vollständige Ausgabe letzter Hand. Zwölfter Band*, Stuttgart und Tübingen 1828.

98 Dazu grundlegend Wolfgang Hildesheimer, *Marbot. Eine Biographie*, Frankfurt/M. 1981, S. 189 ff.

99 Friedrich Eduard Beneke, *Erziehungslehre*, 3. Aufl. Berlin 1864, S. 395.

100 Friedrich Eduard Beneke, *Lehrbuch der pragmatischen Psychologie oder Seelenkunde*, Berlin 1850.

101 Dazu prägnant Horst Bredekamp, *Berlin am Mittelmeer. Eine kleine Stadtgeschichte*, Berlin 2018.

102 Dazu etwa David Clay Large, *Berlin. Biographie einer Stadt*, München 2002; Jens Bisky, *Berlin. Biographie einer großen Stadt*, Berlin 2019.

103 Dazu Eckermanns Aufzeichnungen zum Gespräch vom 21. Januar 1827, in: Johann Peter Eckermann, *Gespräche mit Goethe in den letzten Jahren seines Lebens*, herausgegeben von Fritz Bergemann, Wiesbaden 1955, S. 556 f.

104 Heinrich Neugeboren, *Friedrich Eduard Beneke. Eine biographische Skizze*, S. 78.

105 Gramzow, *Benekes Philosophie*, S. 271.

106 Reinhard Mehring, *Landwehrkanal*, S. 206.

107 Dazu etwa Gustav Seibt, *Napoleon und Goethe. Eine historische Begegnung*, München 2008.

108 Dazu die Pionierstudie von Alexandra Birkert, *Hegels Schwester. Auf den Spuren einer ungewöhnlichen Frau um 1800*, Ostfildern 2008; eine vergleichbar genaue historisch-biografische Studie zu Hegels unehelichem Sohn Ludwig Fischer, mit dem Beneke in Berlin in verschworenen Kontakt trat, steht leider noch aus.

109 Nicht mit Hegels Jugendliebelei Nanette Endel zu verwechseln.

110 Georg Büchners *Woyzeck*, 1835 geschrieben, erschien leider erst 1879 verstümmelt im Druck, sodass Eduard das Stück nicht mehr zur Kenntnis nehmen konnte.

111 Friedrich Eduard Beneke, *Grundlegung der Physik der Sitten. Ein Gegenstück zu Kants Grundlegung der Metaphysik der Sitten mit einem Anhange über das Wesen und die Erkenntnisgränzen der Vernunft*, Berlin und Posen 1822.

112 Ludwig Tieck (Hg.), *Heinrich von Kleists hinterlassene Schriften*, Berlin 1821.

113 Kleist am 19. November 1811 an Marie von Kleist, in: ders., *Werke und Briefe in vier Bänden*, Bd. 4: *Briefe*, 4. Aufl. Berlin 1995, S. 493; vgl. ders., *Penthesilea*, in: *Werke*, Bd. 2, S. 113 (»Ich bin so selig, Schwester! Überselig! Ganz reif zum Tod o Diana, fühl ich mich!«).

114 Friedrich Eduard Beneke, »Ueber Kleist's Prinzen Friedrich von Homburg«, in: *Literarisches Conversations-Blatt* Nr. 113 vom 15. Mai 1822, S. 449–452.

115 Protokoll Friedrichs II. vom 11. Dezember 1779, zitiert in: *Staats-Lexikon oder Encyklopädie der Staatswissenschaften*, herausgegeben von Carl von Rotteck / Carl Welcker, Wiesbaden 1838, Bd. 6, S. 174; Formulierung wohl anlehnend an Augustinus, *De civitate dei* IV, 4.1. (»Remota itaque iustitia quid sunt regna nisi magna latronicia?« Übers.: Nimm das Recht weg – was ist dann der Staat noch anderes als eine Räuberbande?).

116 Walter Benjamin, »Über den Begriff der Geschichte«,

in: ders., *Gesammelte Schriften*, Bd. 1/2, Frankfurt/M. 1974, S. 696; zur Allpräsenz der Zerstörungen vgl. Alexander Demandt, *Vandalismus. Gewalt gegen Kultur*, Berlin 1997; Hermann Parzinger, *Verdammt und vernichtet. Kulturzerstörungen vom Alten Orient bis zur Gegenwart*, München 2021.

117 Gustav Radbruch, *Rechtsphilosophie*, 6. Aufl., neu herausgegeben von Erik Wolf, Stuttgart 1963; Erik Wolf, *Das Problem der Naturrechtslehre. Versuch einer Orientierung*, 3. erw. Aufl. Karlsruhe 1964.

118 Eindrucksvoll erneuert durch Rio Reiser und *Ton, Steine, Scherben*.

119 Abdruck bei Gramzow, *Benekes Philosophie*, S. 272 f.

120 Gramzow, *Benekes Philosophie*, S. 273.

121 Hegel, *Vorlesungen über die Philosophie der Geschichte*, in: *Werke*, Bd. 12, S. 114.

122 Karl Wermuth / Georg Stieber, *Die Communisten-Verschwörungen des neunzehnten Jahrhunderts. Im amtlichen Auftrag zur Benutzung der Polizei-Behörden der sämmtlichen deutschen Bundesstaaten*, Berlin 1853.

123 Dazu vgl. Ernst Rudolf Huber, »Die Geschichte der politischen Polizei im 19. Jahrhundert«, in: ders., *Nationalstaat und Verfassungsstaat. Studien zur Geschichte der modernen Staatsidee*, Stuttgart 1965, S. 144–167; es bedarf keiner Belege, dass die vorliegenden Prosastücke Hubers monumentaler Verfassungsgeschichte insgesamt viel verdanken.

124 Hegel, *Grundlinien der Philosophie des Rechts*, in: *Werke*, Bd. 8, S. 190 ff. (§ 100f).

125 *Preußisches Strafgesetzbuch vom 14. April 1851*, § 175.

126 Die Einsicht in diese Möglichkeit verdanken wir dem Prager Juristen Franz Kafka, *Der Process*, Berlin 1925.

127 Dazu Reinhard Mehring, *Landwehrkanal*, S. 147 ff.

128 *Das Strafgesetzbuch für die Preußischen Staaten*, 2. Aufl. Berlin 1858, S. 318 (§ 218).

129 Dazu jetzt Wilhelm Dilthey, *Briefwechsel*, Bd. 3:

1896–1905, herausgegeben von Gudrun Kühne-Bertram / Hans-Ulrich Lessing, Göttingen 2019, S. 454 ff.; ders., »Aus Eduard Zellers Jugendjahren«, in: *Gesammelte Schriften*, Bd. 4, S. 433–450; ders., »Eduard Zeller«, in: *Gesammelte Schriften*, Bd. 15, S. 267–278.

130 Eduard Zeller, *Philosophie der Griechen. Eine Untersuchung über Charakter, Gang und Hauptmomente ihrer Entwicklung. Teile I–III*, Tübingen 1844/1852.

131 Dazu Reinhard Mehring, *Landwehrkanal*, S. 128.

132 Friedrich Überweg, *Grundriss der Geschichte der Philosophie*, Bd. 3: *Die Neuzeit*, Berlin 1866, S. 269–281.

133 Johann Eduard Erdmann, *Grundriss der Geschichte der Philosophie*, Bd. 2: *Philosophie der Neuzeit*, Berlin 1866, S. 644 f.

134 Eduard Spranger (1882–1963).

135 Eduard Zeller, *Geschichte der deutschen Philosophie seit Leibniz*, München 1873.

136 Wilhelm Dilthey, »Hegels Berliner Periode«, in: ders., *Die Jugendgeschichte Hegels und andere Abhandlungen zur Geschichte des deutschen Idealismus. Gesammelte Schriften*, Bd. 4, Leipzig 1921, S. 252–258.

137 Der Brief fand sich denn auch nicht in Zellers Nachlass, sondern geriet auf kaum noch rekonstruierbaren Wegen in den antiquarischen Handel, wo ihn der zeichnende Editor und Redakteur vor Jahren für wenige Pfennige in einem gottverlassenen schwäbischen Nest erwarb.

138 Friedrich Adolf Trendelenburg, »Über den letzten Unterschied der philosophischen Systeme«, in: ders., *Historische Beiträge zur Philosophie*, Bd. 2: *Vermischte Abhandlungen*, Berlin 1855, S. 1–30.

139 Friedrich Eduard Beneke, *Ungedruckte Briefe*, herausgegeben von Renato Pettoello / Nikola Barelmann, Aalen 1994.

140 Mündliche Mitteilung eines befreundeten Zeugen.

141 Dazu vgl. Adolf v. Harnack, *Geschichte der königlich-preussischen Akademie der Wissenschaften zu Berlin*, Berlin 1900, Bd. 1, S. 608 ff.

142 »Bericht über die Benekeschen Preisaufgaben«, in: *Nachrichten von der Königl. Gesellschaft der Wissenschaften und der G. A. Universität zu Göttingen* 8 (1870), S. 131–140, hier: S. 131.

143 Ebd., S. 133.

144 Ebd., S. 134.

145 Ebd., S. 136.

146 Eugen Dühring, *Kritische Geschichte der allgemeinen Prinzipien der Mechanik*, Berlin 1873, S. VI f.

147 Dühring, *Kritische Geschichte der allgemeinen Prinzipien der Mechanik*, S. VIII.

148 Eugen Dühring, *Sache, Leben und Feinde. Als Hauptwerk und Schlüssel zu seinen sämtlichen Schriften*, 2. Aufl. Leipzig 1903, S. 181.

149 Eugen Dühring, »Hauptpunkte äusserer Vor- und Nachgeschichte der folgenden Arbeit«, in: ders., *Kritische Geschichte der allgemeinen Principien der Mechanik*, 3. Aufl, Leipzig 1877, S. VIII–XVII, hier: S. XII.

150 Dühring, »Hauptpunkte äusserer Vor- und Nachgeschichte der folgenden Arbeit«, S. XV f.

151 Dühring, *Sache, Leben und Feinde*, S. 157 ff.

152 *Aktenstücke in der Angelegenheit des Privatdocenten Dr. Dühring*, Berlin 1877.

153 Dühring, *Sache, Leben und Feinde*, S. 180.

154 Peter Longerich, *Antisemitismus. Eine deutsche Geschichte von der Aufklärung bis heute*, München 2021, S. 99; zu den alternativen Pfaden nach 1848 jetzt Herfried Münkler, *Marx, Wagner, Nietzsche. Welt im Umbruch*, Berlin 2021.

155 Friedrich Engels, *Herrn Eugen Dühring's Umwälzung der Wissenschaft. Vorwort von 1878*, in: Marx / Engels, *Werke*, Bd. 23, Berlin 1962, S. 6.

156 Friedrich Nietzsche, »Zur Genealogie der Moral«, in: *KSA* 5, S. 370.

157 Reinhard Mehring, *Landwehrkanal*, S. 237.

158 Zur Lage nach »Bologna« jetzt Peter-André Alt, *Exzellent!? Zur Lage der deutschen Universität*, München 2021.

159 Hegel, *Vorlesungen über die Philosophie der Geschichte*, in: *Werke*, Bd. 12, S. 386.

160 Hegel, *Vorlesungen über die Geschichte der Philosophie*, in: *Werke*, Bd. 19, S. 255.

161 Erster historisierender Rückblick bei Konrad H. Jarausch, »Das Ringen um Erneuerung 1985–2000«, in: Heinz-Elmar Tenorth (Hg.), *Geschichte der Universität Unter den Linden*, Bd. 3: *Sozialistisches Experiment und Erneuerung in der Demokratie – die Humboldt-Universität zu Berlin 1945–2010*, Berlin 2012, S. 555–690; vgl. auch Stefan von Strahlow, *Wissenschaft und Wahnsinn. 42 Geschichten aus dem Innenleben der Berliner Hochschulen und ihrer Umwelt*, Bielefeld 2021.

162 Dazu vgl. Heinrich Heine, »Zur Geschichte der Religion und Philosophie in Deutschland« (1834), in: *Gesammelte Werke*, herausgegeben von Wolfgang Harich, Berlin (Ost) 1951, Bd. 5, 527 ff.: »Es werden bewaffnete Fichteaner auf den Schauplatz treten, die in ihrem Willensfanatismus weder durch Furcht noch durch Eigennutz zu bändigen sind; denn sie leben im Geist, trotzen der Materie, gleich den ersten Christen [...] Die alten steinernen erheben sich dann aus dem verschollenen Schutt und reiben sich den tausendjährigen Staub aus den Augen, und Thor mit dem Riesenhammer springt endlich empor und zerschlägt die gotischen Dome ... [...] Es wird ein Stück aufgeführt werden in Deutschland, wogegen die Französische Revolution nur wie eine harmlose Idylle erscheinen möchte.«

163 Friedrich Meinecke, *Die Idee der Staatsräson*, München 1924.

164 Offenbar anlehnend an Johann Wolfgang v. Goethe, *Götter, Helden und Wieland*, in: *Goethes Werke*, Bd. 30, Stuttgart und Tübingen 1830, S. 286 f; *Hamburger Ausgabe*, Bd. 4, S. 212 f: »HERKULES: Tugend! Ich hab' das Wort erst hierunten von ein paar albernen Kerls gehört, die keine Rechenschaft davon zu geben wußten. [...] WIELAND: Tugend muß doch

was seyn, sie muß wo seyn. HERKULES: Bei meines Vaters ewigem Bart! Wer hat daran gezweifelt? Und mich dünkt, bei uns wohnte sie, Halbgöttern und Helden.«

165 Reinhard Mehring, *Landwehrkanal*, S. 225 ff.

166 Zur Politik des Opferstatus vgl. Clemens Knobloch, »Die Figur des Opfers und ihre Transformation im politischen Diskurs der Gegenwart«, in: *Zeitschrift für Politik* 67 (2020), S. 455–472.

167 Friedrich Eduard Beneke, *Kant und die philosophischen Aufgaben unserer Zeit. Eine Jubeldenkschrift auf die Kritik der reinen Vernunft*, Berlin 1832.

168 Karl Rosenkranz, *Hegel als deutscher Nationalphilosoph*, Leipzig 1870.

169 Karl Rosenkranz, *Geschichte der Kant'schen Philosophie*, 1840, Neudruck Berlin (Ost) 1987, S. 414.

170 Ebd., S. 1.

171 Karl Rosenkranz, *Georg Wilhelm Friedrich Hegels Leben*, Berlin 1844.

172 Karl Rosenkranz, *Das Centrum der Speculation. Eine Komödie*, Königsberg 1840.

173 Ebd., S. III.

174 Karl Rosenkranz, *Kritische Erläuterungen des Hegelschen Systems*, Königsberg 1840, S. VIII.

175 Ebd., S. XXXV.

176 Karl Rosenkranz, *Ästhetik des Hässlichen*, Königsberg 1853.

177 Klaus Vieweg, *Hegel. Der Philosoph der Freiheit*, München 2019.

178 Jürgen Kaube, *Hegels Welt*, Berlin 2020.

179 Henning Ottmann, *Individuum und Gemeinschaft bei Hegel. Band 1: Hegel im Spiegel der Interpretationen*, Berlin 1977, S. 233.

180 Dazu u. a. Volker Gerhardt (Hg.), *Eine angeschlagene These. Die 11. Feuerbach-These im Foyer der Humboldt-Universität zu Berlin*, Berlin 1996; Herbert Schnädelbach, »Warum Hegel?«, in: *Information Philosophie* 27 (1999), S. 108–112; ders., »Noch einmal Hegel«, in: *Merkur* 53 (1999), S. 1121–1124; ders., *Hegel*

zur Einführung, Hamburg 1999; ders., *Hegels praktische Philosophie. Ein Kommentar der Texte in der Reihenfolge ihrer Entstehung*, Frankfurt/M. 2000.

181 Hegel, *Grundlinien der Philosophie des Rechts*, in: *Werke*, Bd. 7, S. 506 (§ 347).

182 Hegel, *Vorlesungen über die Philosophie der Weltgeschichte*, in: *Werke*, Bd. 12, S. 134.

183 Jürgen Habermas, *Vergangenheit als Zukunft*, Zürich 1990, S. 97 ff.; vgl. ders., »30 Jahre Einheit. Die zweite Chance«, in: *Blätter für deutsche und internationale Politik* 65 (2020), S. 41–56.

184 Dazu vgl. Marion Kreis, *Karl Hegel. Geschichtswissenschaftliche Bedeutung und wissenschaftsgeschichtlicher Standort*, Göttingen 2012.

185 Dazu Eef Overgaauw / Michael Matthiesen, »Der Nachlass und die verlorenen Briefe«, in: *Idee. Zeitschrift für Ideengeschichte* 14 (2020), Heft 2, S. 57–72.

186 Reinhard Mehring, *Landwehrkanal*, S. 109 ff.

187 Beneke am 1. März 1822 an Altenstein, in: Beneke, *Ungedruckte Briefe*, S. 97.

188 Franz Kafka, *Hochzeitsvorbereitungen auf dem Lande und andere Prosa aus dem Nachlass*, New York 1953, S. 43; zum folgenden Totengespräch vgl. Hans Blumenberg, *Schiffbruch mit Zuschauer. Paradigmen einer Daseinsmetapher*, Frankfurt/M. 1979; Gerd Kaiser (Hg.), *Der tanzende Tod. Mittelalterliche Totentänze*, Frankfurt/M. 1983; darüber hinaus montiert der Text u. a. Zitate von Shakespeare, Goethe und Rimbaud, Boetius, Hegel, Beneke und R. Wagner.

189 Reinhard Mehring, *Landwehrkanal*, S. 143 ff.

190 Friedrich Eduard Beneke, *Lehrbuch der Psychologie als Naturwissenschaft*, 2. Aufl. Berlin 1845.

191 Friedrich Eduard Beneke, *System der Metaphysik und Religionsphilosophie*, Berlin 1840.

Erste Auflage Berlin 2022

MSB Matthes & Seitz Berlin
Verlagsgesellschaft mbH
Göhrener Str. 7 | 10437 Berlin
info@matthes-seitz-berlin.de

Satz: psb, Berlin
Druck und Bindung: Art-Druk, Szczecin
Umschlaggestaltung nach einer Idee von
Pierre Faucheux
ISBN 978-3-7518-0544-5
www.matthes-seitz-berlin.de